舌尖上的節氣

時間，其實是由「味蕾」累積而成
24節氣，24篇有料有味的飲食記憶

劉學剛 著

目錄

輯一

春之嫩芽

輯二

夏之鮮果

輯三

秋之盛宴

輯四

冬之暖食

【自序】

以時令美食開啟節氣食旅

我對節氣的興趣始於兒時的吃食。

我的母親，一個在半饑半飽中長大的女人，一到清明，她讓我們吃餅捲雞蛋。餅在蓋墊上攤開，熟雞蛋以筷子夾碎，沿餅的直徑均勻鋪開，半空裡再落下少許白亮亮的細鹽，捲起來吃，外韌內酥，韌者細細地嚼，酥者慢慢地品，風味殊絕。這樣的進食，更像是一種儀式，簡單而鄭重，咀嚼著寒冷的食，拌合著內心的熱，尤能品味「雨中禁火空齋冷」的寒士情懷。

到了立冬，天氣轉冷，室內則是熱氣騰騰的場景。

擇菜剁餡，舀水揉麵，農村人家的整潔和端莊，盡在其間。好吃莫如餃子，餃子有「喜慶團圓」之意。餃子形狀就像一個半月形，麵皮上捏出許多微微凹陷的褶，有時母親把半月形的兩端向中間彎攏，捏牢，餃邊就微微上翹，圍成一個圓圓的好看的碗兒，這就是元寶餃子。

在我的故鄉，新的時令的到來，是一件極為盛大的事情，故鄉的人們總是以特定的美食來呈現他們在土地上勞作的幸福和體面。他們容易忽略勞動的艱辛和生活的困頓，他們以美食表達鄉村生活的歡喜自在，這是一種沉著堅韌的生活態度。譬如，立冬的餃子，它有鄉村生活最豐富的表情，它的麵皮包裹著鄉村人家內心的喜悅和自足。

◈自然和土地關係親密的鄉路

我的故鄉是魯中平原的一個村莊。

村莊黃泥屋前，青瓦房後，都爬著窄窄長長的鄉路。鄉路是一些細細密密的根鬚，穿過村子，紮根田野。村莊裡那些與自然和土地關係親密的鄉路，讓人們對節令以及生機勃勃的細節保持著盎然的興趣。

人們的生活和自然節律同步運行，對於季節的轉換和天氣的冷暖，他們進行著從容不迫、堅定自如的應對。他們的勞動節奏是這樣的：清明秫秫穀雨花，立夏前後栽地瓜；立秋摘花椒，立冬打軟棗；小雪醃菜，大雪醃肉。

他們對節氣和土地有一種樸素而真誠的信任。節氣也以它的節奏，引領勞動者的步履，讓所有的勞動者在同土地的交往中收穫果實，培育夢想，也培育勤勞善良的美德。

古老的中國有一部偉大的農書，叫《齊民要術》，視農業生產為百姓謀生之道，說五穀栽培之方，講六畜養殖之法。對於農民來說，二十四節氣不僅僅是一個時間概念，更是一個集聚農業生產經驗的、被農民高度認同的物質上的空間概念，是一部千年傳閱的農事百科全書。

◈感受節氣、勞動和豐收的關係

民以食為天，這是生存的基本需求，也是提升生活品質的前提。我們中國人尤為講究吃，堪稱世界第一。我的故鄉地處濰河沖積平原，地肥水美，物產豐饒，食材豐盛。儒家思想亦是此地之膏壤沃野。孔子所處時代是中國飲食文化的形成期，燈高下明，其思想由魯地輻射全國。

「食不厭精，膾不厭細」，前者說食材須精選，後者言工藝求精細。曠世大儒孔子亦有言：「不時不食。」這個時，就是時令，節氣。天地如此之新，植物如此之純。當令美食，經過節氣和土地的孕育，承領日之精月之華，逢迎鳥之語花之香，接納露之魂水之魄，其味最為豐盈飽滿。

人們追逐著最時鮮最當令的食物，是一種飲食智慧，也是享受生活的一種方式，在細嚼慢嚥中，人們感受節氣、勞動和豐收的關係，領受大地對勞動者的持續眷愛。

在寫作《舌尖上的節氣》之前，我首先進行了很長一段時間的田野考察，給莊稼蔬果拍照和記錄。尤其是每一節氣的到來，我徒步去田野，找尋天地間吉祥的徵兆，以及生靈們響亮的回應。

大地上的植物皆有清晰的時間刻度。現代化在用直尺和方格規劃著世界，但是，大地的格局不變，新的節令，一候依舊有一候的氣象，田野依舊是一處流芳溢香的生活源頭。耕作是一門古老而神聖的職業，人類生活裡淳樸厚道仁慈的美德大多在農民那裡。

我深深地感受到，節氣是農耕時代的重要驛站。節氣的更替，促使人們調整生活方式，以達成與自然運行的同步。這種有節制的生活與土地是一體的，它敬畏原初的自然環境，宣導樸素善良的人類情感。

新的節氣，確立新的生活儀式，日日新，是大地上尋常草木的生長變化有著讓人驚喜不已的新奇之處，而非世界的變化日新月異天翻地覆。

◈莖而葉，花而果，順應自然節奏

我想到這樣一個問題，何為幸福的生活？工業文明的發展和社會節奏的加快，實際上是人類給自己的肉身安裝了兩個高速運轉的車輪，到處是大飛躍，高精尖，時光飛逝如電。

節氣是一種慢節拍，三候十五天，每一候都有美好的景象出現。人類為何不慢下來，像一顆果實那樣，莖而葉，花而果，順應自然四季的節奏，確認人類和大地的關係、大地和文明的關係，去接近幸福快樂的人生理想。

口福是幸福的一部分。大地的黃土盤上裝滿稻麥蔬果，廚房的白瓷碗裡盛滿米飯菜餚，耕種與收穫的關係是如此的密切與直觀。想到節氣，農耕時代的大地上的節日，它帶來的不僅僅是天象和物候的奇觀，是時鮮蔬果對人體的恩澤，更促成一種儀式般的生活。

節氣和大地所共釀的風味最為豐盛華美。我的母親以及更多的母親，在芒種收割小麥之後，她們用新麵粉和麵，把麵團一壓一推又一搓，一蹭一揉又一捏，就成了嘰嘰叫的小雞，活潑潑的小魚，也有的被創造成圓鼓鼓的水果，水靈靈的青菜，她們以此敬神饗先，表達對大地的感激，對自然的敬畏。

驚蟄，春韭正當時；穀雨，椿芽嫩如絲；小滿，翠莢排碧珠；小雪，地窖藏白玉。這種千年相沿的節氣食俗以及逐鮮尋味的美食追求，對我們的生活是一個引導，引導我們重回鄉土，押著節氣的韻腳，去學習和體驗，找到節氣與飲食文化交融而成的美的極點，找到提升生命品質和改善生活方式的原動力。

◈以時令開啓獨特的節氣食旅

循節氣而食，為生活至美。

我們品味的不僅是時令美食，還有古老的生存智慧，以及人與大地的深厚感情。於是，我想寫一本書，以時序呈現二十四節氣的最美味，以中國味道引領讀者感悟悠久的飲食文化，以飲食智慧宣導一種健康快樂的生活方式。

這本書，以時令美食開啟獨特的節氣食旅，以飲食習俗鋪陳農耕文明的盛宴。

感謝生我養我的土地，賦予我思想的活水和寫作的動力。

感謝中華工商聯合出版社，給了我寫作這本書的激情。尤其感謝出版社的領導和本書責任編輯，對本書的寫作和出版給予充分的肯定、持續的關注和全力的推動。

感謝李存葆、董克平、衣向東、榮榮、劉荒田、古清生等文化界知名人士為本書鼓與呼。我努力表現修辭的力量，而他們在顯示文化的力量、思想的力量。

感謝我文學的領路人、著名書法家、新時期文人山水畫的傑出代表張風塘兄長為本書題字，繪畫。他的書與畫，皆為靜逸優美的抒情詩，形神兼備，氣韻生動。

感謝我的女兒小雨，每每寫完一篇，我都會和她訴說，她是一個安靜的傾聽者。

更感謝吳秋煌、李海平等朋友熱情提供精美照片，為本書的內容錦上添花，使得圖與文有著和諧的旋律，猶如一曲歡樂自在的節氣之歌。

是為自序。

*編輯體例說明：

1. 本書編輯特別規劃四季食譜，配合台灣在地應時美食佳餚——「食四季・春」、「食四季・夏」、「食四季・秋」、「食四季・冬」，分別置於二十四節氣正文後方，提供讀者延伸參照。
2. 針對一些語詞典故等名詞解釋，避免影響正文閱讀，採「說四季」的註解形式，置於各篇節氣文章後方。

輯一

春之嫩芽

春天來臨。放眼看去，春天的田野橫平豎直，一行行的青翠，一畦畦的碧綠，像是春天寫在大地上的信箋。

小巧的提籃，擱著一些青青的菠菜，仔細看，那些菜葉分明是一支支生花的妙筆，書寫著雨的潤，風的輕，光的暖。

春天裡，去看看田野，滿眼的菠菜青翠欲滴，我們的內心汁水飽滿。葉碧翠，根紅豔，搭配著女孩纖細白嫩的小手，旁邊是一隻小提籃，綠盈籃，紅亦盈籃，綠的是大地，紅的是太陽，那該是最春天的一幅畫面。

立春

〈立春〉　　　　　　　　唐．杜甫

春日春盤細生菜，忽憶兩京梅發時。
盤出高門行白玉，菜傳纖手送青絲。
巫峽寒江那對眼，杜陵遠客不勝悲。
此身未知歸定處，呼兒覓紙一題詩。

立春薦春盤

那位史上最坎坷的大文人蘇軾，一生仕途失意，屢遭貶謫，遠至嶺南儋州（現海南省儋州市）。幸好，一路上有詩，有酒，還有美味佳餚。這一年，他病了，以春盤盛了一些黃芪粥，啜食，以此撫慰愁腸，愉悅味蕾。「白髮欹簪羞彩勝，黃耆煮粥薦春盤」，這一天是立春日。時，蘇軾知密州（現山東省諸城市）。

◈薦春盤

蘇軾謫居的密州距離我的村莊不遠，大詩人的薦春盤[註1]是一種節氣食俗，始於漢代。東漢崔寔《四民月令》：「立春日食生菜，取迎新之意。」生菜以盤裝之，謂之春盤，唐朝尤為盛行。杜甫是一個忠實於節氣習俗的信徒，他漂泊異鄉夔州（現重慶市奉節縣）之時，猶不忘在立春日以生菜的鮮嫩喚醒他的味覺和知覺，「盤出高門行白玉，菜傳纖手送青絲」，盛滿細生菜的白玉盤，猶如探出皇宮大殿的一枝梨花，在民間的大街上次第開放，那些托著春盤的美女，個個面若桃花，手如嫩藕。詩人撫今思昔，感慨萬千，呼兒覓紙，以詩歌的方式保存著大唐全盛時的立春場景。詩人心向太平，情系食俗，此詩亦有詩史的意義。

宋承唐俗，春盤是皇帝用以賞賜百官的禦品。據周密《武林舊事》記載，南宋宮廷所製玉盤價值萬錢，其中「翠縷紅絲，金雞玉燕，備極精巧」。春盤之蔬食切為細絲，故云翠縷紅絲。譬如韭菜，洗淨切段。粉絲泡軟，剪為小段。若有新泡發的黃豆芽，則尤為增色，洗淨即可，其長約一寸，形似如意，名之稱心如意菜。各色熟肉均切為絲狀，小肚絲、燻雞絲、烤鴨絲、鹹肉絲、燻肉絲、叉燒肉絲、醬肘子絲。其奢侈之處在於以美玉製作金雞春燕，有些搶戲的成分，但瑤燕呈瑞，金雞似鳴，可謂滿盤春光，翠縷紅絲皆是春。

立春有一些很熱鬧的習俗。譬如迎春[註2]，句芒[註3]為春神，主管樹木發芽生長，要從山上接回來，一路吹吹打打，沿途鄉民爭擲五穀，謂之迎春。再如打春，折一根細細的柳條，輕輕地打春牛三下（泥牛亦可），人們也領受了這鞭策，春耕春播春種，有的是力氣，有的是精神。人與植物的生命節奏似有冬日的緩慢，鬧一鬧，喊一喊，氣溫回升，東風解凍，蟄蟲始振，百草回芽，人們就「春天」了，凡俗的生活得以昇華。又如咬春。蘿蔔味辛性涼，生吃甜脆如梨，嘎　咬一口，薄的皮微辣，嫩的肉汁多且甜，甚有口感，食之可提神解困。蘿蔔屬土，為深根性蔬菜，立春啃蘿蔔，取古人「咬得草根斷，則百事可做」之意，春天的鮮脆清爽和做百事之前的堅韌都在這一咬一嚼之中。我們家鄉的蘿蔔細長圓筒形，外皮翡翠色，尾部似白玉，內瓤青如天，擺上瓷盤，不遜皇宮的金雞玉燕。

江南春來早，可咬可啃之菜蔬很多。北地冷寒，多以蘿蔔為春盤宴。以春盤饋贈親友，無間南北，無論貴賤，皆可為之。立春是四季的開端，為二十四節氣之首，迎春則是立春頭等大事。巧合的是，古代詩人在詠歎立春讚美春色的時候，出鏡率最高的恰恰是春盤。如果把這些活色生香的詩加以整理，就是一份很唯美的文化食單。朱淑真《絕句二首》中有云：「自折梅花插鬢端，韭黃蘭茁簇春盤。」嫩黃的韭芽、淺紫的蘭芽橫陳在潔白的玉盤裡，與嫣紅的梅花相映成趣，尤能勾春引色，彰顯著新春的勃勃生機。元人耶律楚材的「春盤」更為豐盛華美：「木案初開銀線亂，砂瓶煮熟藕絲長。匀和豌豆揉蔥白，細剪蔞蒿點韭黃。」木案即春盤，銀線為粉絲，還有藕絲、豌豆、蔥白、蔞蒿、韭黃等一應食材，好一份抒情菜單。倘若意猶未盡，試看楊萬里的《郡中送春盤》：「餅如繭紙不可風，菜如縹茸劣可縫。韭芽卷黃苣舒紫，蘆服削冰寒脫齒。」白如繭紙的是春餅，吃的時候，從春盤裡夾取菜蔬各一小箸，捲為細筒狀。春餅所捲的絲絲縷縷，有生熟兩品，有鹹甜兩味，食之外柔韌內鮮嫩，很有一口咬勁兒。

◈咬春餅

烙春餅和攤煎餅相比，工藝不同，工具有異。攤煎餅，需將麵糊扣在鏊子（平底鍋）正中，持竹筢往下徑直一抹，又迅疾按順時針方向平攤為圓形薄餅。烙春餅宜用平底淺鍋，鑄鐵而成，傳熱慢，散熱亦慢。和麵也有講究，以四分水五分麵為佳，調成稀稠相宜的麵糊，用手抓取一團，探向熱鍋，麵糊不似簷雨一般下墜，方可。精細鹽、花生油，兩種配料都要有。一小匙鹽，半湯匙油，依次加入麵糊，攪勻，猶如鹽鹵點了的豆腐，烙餅時利利落落，不粘鍋，吃起來軟而微韌，口感甚是舒適。鍋面也要抹一層薄薄的油，俟鍋燒熱油香撲鼻，由外向裡，以手推動麵糊，熱情的鍋心就挽留了一層薄薄的麵皮，少頃，麵皮外側向內捲起，輕輕一揭，春餅即成，視之形似荷葉，白若羊脂，薄如紙片，讓人的唇舌蠢蠢欲動。

春餅，又名春卷[註4]，捲入各色餡絲，叫捲春。將春餅和餡絲合一鍋而炸之，名曰油炸春卷，為清宮滿漢全席之御用美食。烹炒餡絲是慢功細活。瘦豬肉洗淨，切細條，燒熱油鍋，翻炒，熟後盛出，鍋內留油。以餘油把粉絲、蘿蔔絲、韭菜絲、冬菇絲、掐了尾部的黃豆芽炒熟，再倒入肉絲、精鹽炒勻，出鍋前以水澱粉勾薄芡，即可。春餅攤平，捲入餡料適量，以麵糊封口，俟油鍋燒至八成熱，投入春卷，煎炸，兩面皆金黃，撈出，瀝油。油炸春卷趁熱吃，越吃越香，入口皮薄酥脆，餡心香軟，吃飽了亦能連罄兩三卷。

小時候，家中菜蔬無多，母親就備好甜麵醬、羊角蔥，讓我們捲餅吃。吃法很簡單，用白嫩嫩的蔥蘸了香噴噴的醬，在春餅上塗抹一條紅色的分隔號，再把小蔥捲了，春餅超薄，但是滋味醇厚，甜中帶鹹，香辣清鮮，極為爽口。女兒長大以後，我變著花樣給她炸春卷吃，薺菜春卷，韭菜春卷，豆腐春卷，以此幸福她的味蕾，讓她感知新春的清香爽鮮。

春餅，立春烙的薄餅。吃春餅，就是嘗新，吃春天，吃出滿嘴的香鮮，吃出滿眼的新綠。食春餅迎春，亦有祈盼豐收之意。擷取三春美景四時菜蔬，放入五穀豐登六畜興旺，春餅是大地的春盤。

立春
薦春盤

春卷

食材 /1~2 人份

雞蛋……1 顆
春捲皮……6 張
雞胸肉……200g
（或是換成紅燒肉、花枝、蝦仁等喜愛的食材）
紅蘿蔔……1/2 根
冬粉……1/2 把
香菇……3 隻
木耳……10 克
芹菜……50g
花生粉……適量
（以上也可加入其他喜愛的食材）
油……適量
麵粉……適量
鹽……適量
糖……適量
水……適量

作法

一、餡料：將食材切絲，與調味料一起醃漬備用。
二、取一張春餅皮攤開，撒上少許花生粉。
三、鋪上切絲的餡料。
四、捲起春餅皮，兩邊多餘的部分往內折，以麵粉糊封口。
五、重複二～四直到餡料用完。
六、開中火熱油鍋，將作法四的春卷放入炸三分鐘，轉小火，表皮呈現金黃色後，即可撈起瀝乾。

說四季

註1 春盤

「立春」是一年之始，吃「春盤」迎新，是自古就有的習俗。以現代的眼光，以細嫩應景蔬菜做成的春盤，其實就是生菜沙拉，源自漢代六朝元旦之五辛盤，唐宋之後漸有春餅、春盤的習俗。春盤的食材，以紫色小蕪菁、韭菜、苦苣菜、芥菜、蔞蒿等等當令蔬菜為主，多少都帶著點辛味，因為季節剛從大寒進入春天，多吃一些有辛味的蔬菜可以讓身體暖和起來，幫助「發五臟氣」、去寒活絡筋脈。

註2 迎春

迎春是自古以來立春的重要活動，在古代，知縣身著朝服親率眾官吏卒的迎春隊伍，高擎儀仗和「春」字牌，浩浩蕩蕩移至祭壇，祭祀春牛和芒神，舉行「鞭春牛」的民俗活動。「鞭春牛」，又稱「祭春牛」，俗稱「打春牛」，起源於周代，到漢代已相當流行，宋明之後，已成為重要的民俗文化之一。將泥土或紙做的假牛，牛肚填滿五穀甘果、棗子、核桃，當進行到此儀式時，官員用彩杖抽打春牛，然後擊破，讓民眾分食牛肚裡的食物，祈求新的一年五穀豐收。

註3 句芒（本書原註）

句芒，或名句龍，古代漢族神話中的春神，主管樹木的發芽生長，少昊的後代，名重，為伏羲臣。而以字形來看，「句芒」的「句」字，像一個剛剛萌發出土的小嫩芽，頭是勾著的，而「芒」字則是那些毛茸茸的毛刺。

註4 春卷

春餅，又名春卷，從春秋戰國時期，民間已有用蔥、蒜、韭、芫荽與蕓薹（即油菜）等「五辛」蔬菜祭祀春神的傳統紀錄，後來逐漸發展出以麵餅包裹成為「春餅」的習俗。

〈臨安春雨初霽〉　　　宋・陸游

世味年來薄似紗，誰令騎馬客京華？

小樓一夜聽春雨，深巷明朝賣杏花。

矮紙斜行閒作草，晴窗細乳戲分茶。

素衣莫起風塵嘆，猶及清明可到家。

雨水，春芽知時節

「根染微黃怯曉霜，葉鋪嫩綠滋春雨」，這是南宋名僧——釋紹曇，描繪雨水時節薺菜芳鮮可人的佳句。立春之後是雨水。春始屬木，生木者必水也。大自然安排得如此井然有序，是為了創造色彩與香氣的無限宇宙。時至雨水，天氣回暖，地氣上升，百草之芽受了春雨的鼓舞，競相破土而出。泥土酥軟酥軟的，春芽嫩綠嫩綠的，拎了小竹筐，彎腰擷新綠的時候，腥甜而又清涼的青草味兒溫柔地覆蓋了所有的嗅覺和無邊的春色，挑一枚細嫩水潤的葉，搭在牙齒上一咬，齒頰凝香，滿口爽鮮。

◈薺菜

像我這個年紀的人，小時候吃的最多的時鮮芽菜是薺菜[註5]。前些年，我和女兒去城郊的田野挖薺菜，美其名曰找春天。薺菜有越冬芽，也有新生葉，主根尤為粗長而鮮嫩，像挖人參那樣，須用小鏟把它請出來。薺菜健脾利水，止血明目，脂肪、蛋白質、碳水化合物等營養素大多集聚在根部。擇去枯葉、草屑，洗淨，入沸水焯去澀味，複以冷水一浸，撈起，瀝乾，但見根若白玉，葉如翡翠，很有月白風清良辰正好的宋詞意境。薺菜可涼拌熱炒，亦可作菜餡菜羹。涼拌薺菜鮮香爽口，百吃不厭。范仲淹少時家貧，常以薺菜充饑，長大以後，寫成《薺賦》以示感激：「陶家甕內，醃成碧綠青黃；措大口中，嚼出宮商角徵。」其咀嚼之聲已為弦樂絲竹，如歌似夢，縈繞一生。我小時候以薺菜餅為無上妙品，細咬一口，軟糯爽嫩的菜餅旋即佈滿舌床，嚼後滿嘴留香，兩頰生鮮。薺菜、香蔥均切為碎末，打散兩枚雞蛋，加精細鹽少許，攪勻，將菜餡拍成薄薄的如暖瓶塞一般大小的圓餅，待油鍋燒熱，煎至兩面金黃即可。薺菜餅趁熱吃，香鮮細膩，無與倫比。在劣質油添加劑大行其道的今天，一道口感香純鮮嫩的薺菜餅，越發珍稀而難求。

◈韭菜芽和豌豆尖

韭菜芽和豌豆尖[註6]，前者是埋在沙土裡極短的嫩芽芽，顏色淺黃，嫩而味美，又名韭黃；入菜的豌豆尖是豆苗頂端最為鮮嫩的三四寸，碧綠養眼，猶如清爽少女，水潤嬌嫩，清香迷人。此二者皆可洗淨清炒，吃起來清香腴嫩，甚是鮮美。清炒的訣竅在於熱油旺火快速煸炒，讓熱的食油給嫩的芽尖罩上一層油膜，保其嬌羞之色清鮮之味。

春芽如朝露，擷取當及時。王千秋〈點絳唇〉：「何處春來，試煩君向盤中看。韭黃猶短，玉指呵寒剪。」纖纖素手與嫩嫩的韭芽相觸，猶如柔蔥蘸雪，臘梅凝香，真的是美色傾城。詠春色食春芽，皆為風雅之事。《禮記》載：「庶人春薦韭以卵。」春韭炒雞蛋在先秦時期那是高貴的祭品，如今為尋常百姓之家常美食。將雞蛋打入碗內，撒細鹽少許，調勻，下油鍋煎為黃澄澄的薄餅，盛出，斜切細條，待韭芽段炒軟，復倒入蛋餅合炒，看上去條是條，段是段，條理分明，吃起來雞蛋的綿軟和韭芽的鮮香交織糅合著，甚是爽嫩溜口。豌豆尖之鮮嫩不輸韭菜芽，又有一股撩人的豆香味，清淡柔脆，滑潤適口，清時福建人視為稀有之物，「每於筵宴，見有清雞湯中浮綠葉數莖長六七寸者，即是。惟購時以兩計，每兩三十余錢」（徐珂《清稗類鈔》）。

韭菜芽、豌豆芽等春芽均可溫室栽培。「手分瀑泉灑作雨，覆以老瓦如穹廬」，這大概是最鄉土最拙樸的栽培方式了。小時候，我對植物的生長變化有著格外熱忱細膩的情意，挑幾個圓鼓鼓的豌豆，擱在月白的小碗裡，其上覆以濕布，置於灶屋，日日以水淋之，兩三天的工夫，就長出尖尖的嫩芽，泛著淡黃的微光，十分惹人喜愛。長至五六寸許，若移栽小盆中，古人謂之「生花盆兒」，為乞巧節習俗。那時候，一戶人家生髮鮮豆芽，左鄰右舍在第一時間就能吃到。這是鄉村情意的一種表達，只有大家都嘗到了時鮮的春芽，那才叫一個鮮。

◈春筍

春芽之極品當為春筍。春筍細嫩鮮脆，筍尖尤嫩，吹彈即破，入菜葷素百搭，怎麼吃都是美味。記得我小學的語文課上，老師讓我們以「雨後春筍」造句，同學們紛紛舉手：我們班的好人好事如雨後春筍一樣湧現出來。由此可見，雨水時節的春筍破土而出，生髮之快。雨，這可是貴如油的春雨。雨水時節之落雨，乃春天生髮之氣，化為甘霖，發育萬物。甘雨膏油，嘉生繁榮；沛雨甘霖，卉木攢碧；流膏潤春芽，溪山長鱗甲。那些拱出土層的春筍，筍殼淡黃，筍尖嫩白，宛若女子修長性感的手指。

「斜托香腮春筍嫩，為誰和淚倚闌乾」，李煜歌的是美女，梨花帶雨的美女。若論竹筍的知音，當推明末清初美食家李漁，他如是說：「此蔬食中第一品也，肥羊嫩豕，何足比肩。」還有一位很像我兒時夥伴的人，叫林洪，南宋才子，他給鮮筍起了一個綽號，叫「傍林鮮」，采了嫩筍，哪兒也別去，就在林邊，掃葉煨筍至熟，刀戳剝食，入口脆嫩鮮美，還帶有一股竹葉的清香，其味美妙至極。

李漁的觀點極能提升大眾飲食品位：「素宜白水，葷用肥豬。」以此食筍八字訣開發出諸如「白煮筍」、「春筍燜肉」、「春筍燉豬蹄」等多彩多味的佳餚。春筍與豆芽、蘑菇並稱素食鮮味三霸。春筍之鮮得益於嫩莖富含游離氨基酸。不過，春筍草酸含量也較多，入口有澀感，食用前若以沸水煮焯，口感尤為柔嫩。經典素食白煮筍最得春筍腴嫩清鮮之真味。剝去筍殼，嫩白的筍肉用水一沖，切為滾刀塊，下鍋煮熟，撈出，瀝乾，蘸醬油吃，味極鮮美。

國人以筍入饌，食俗久遠。《詩經．韓奕》：「其蔌維何，維筍維蒲。」有趣的是，古文人多為食筍專家，且有美食佳話流傳於世，譬如杜甫、蘇軾、林洪、張岱、李漁、袁枚。仔細一想，食筍的流行與古文人的氣質有關，至清至潔是古文人的特質，也是嫩春筍的美味。孤高自許者，詩文多松竹、嚴霜等意象；崇尚自然者，筆端自是新芽、嫩籜諸事物，這些都關聯著春筍的生長環境和生命形態。另外，春筍味甘性寒，有消渴益氣、清熱除煩、利膈爽胃等功效，很利於古文人頤養心性，修治情操，對抑鬱不得志者療效甚佳。

愛生活的人，都會喜愛這些黃芽瑞草的。新春伊始，和春芽相約春晴萌動，是一件多麼美好的事情。吃春芽，讓我們的身體住進春天的美神，在生活的低處滿面春風，從一枝一葉活到濃蔭蔽日。

雨水
春芽知時節

春韭炒雞蛋

食材 /3~4 人份

韭菜……120g
雞蛋……400g
油……適量
鹽……適量

作法

一、韭菜洗淨後瀝乾。
二、將韭菜切段備用。
三、用一小碗打蛋，將蛋液均勻打散。
四、起油鍋將蛋液稍微翻炒成型。
五、韭菜段下鍋，快速翻炒均勻。
六、適量鹽調味，起鍋裝盤。

食竹筍不苦的 N 種方式

竹筍是春季的美味食材，只是在料理時若沒處理好，有時會讓苦味掩蓋了原本的鮮美，那實在是有點可惜的事。有幾個簡單的方式，能去除竹筍的苦，保留鮮甜，讓春天的氣息更加完美：

一、煮筍子時，在水中加一點檸檬汁，不僅味道更好，還能讓筍子色澤自然變白。
二、筍子先不去殼，直接用冷水煮，等水滾後（約十分鐘），轉小火繼續煮約四十分鐘，待筍子熟透後放涼，然後直接將筍子與筍湯放置冰箱冷藏。
三、水煮竹筍時，水量一定要超過竹筍，並全程加蓋，且煮過的水因為有雜質，不建議再用來煮湯。

雨水
春芽知時節

春筍紅燒肉

食材

竹筍……1 根
五花肉……1 斤
蔥段……適量
薑片……適量
鹽……適量
冰糖……適量
料酒……適量
八角……適量
桂皮……適量
花椒……適量
醬油……適量

作法

一、帶皮五花肉洗淨，切成方塊（長寬約兩公分）。

二、竹筍去殼切塊，和五花肉一起川燙一下，撈出備用。

三、熱鍋熱油，加入冰糖，等冰糖出現氣泡變色，加入五花肉翻炒均勻。

四、放入蔥段、薑片、八角、桂皮、花椒翻炒，再加料酒和醬油繼續翻炒均勻。

五、放入竹筍，加入開水蓋過五花肉，大火煮開後轉小火燉一小時。

六、最後放入鹽調味，再開大火收汁收乾一點湯汁，即可擺盤。

註5　薺菜

又名護生草、地菜、地米菜、菱閘菜。葉子為披針狀，邊緣為鋸齒狀，春天開白色小花。薺菜有明目、利水、和脾、止血等功效，種子、葉和根都可以用來涼拌、煮或炒。

不過，因薺菜含有醇化合物，有類似催產素的功效，可促進子宮收縮，孕婦或哺乳中的婦女、有心肺疾病的患者忌食。

註6　豌豆尖

又名豆苗，在明朝，被《遵生八箋》稱為「寒豆芽」。富含維生素A、維生素C、鈣、磷、抗酸性物質，具有很好的防老化功能。

〈擬古仲春遘時雨〉晉・陶淵明

仲春遘時雨，始雷發東隅。
眾蟄各潛駭，草木從橫舒。
翩翩新來燕，雙雙入我廬。
先巢故尚在，相將還舊居。
自從分別來，門庭日荒蕪。
我心固匪石，君情定何如？

驚蟄，春韭正當時

古人召飲，有一個措辭很含蓄，且極具誘惑力的稱謂，叫「翦春韭」[註7]。清人龔自珍給友人吳虹生髮邀請函，說是春寒宜飲，請於明日下午「過敝齋翦韭小集」。春韭鮮嫩爽口，下鍋爆炒，香味撲鼻。龔自珍以春菜第一美食為號召，想必友人赴約之時，一路上都鼓湧著春韭的香息。

故人來訪，自當盛情款待。明朝吳中才子高啟雨夜剪韭，暖人心肺的不止爽鮮的春韭，亦有誠摯的友情：「芽抽冒餘濕，掩冉煙中縷。幾夜故人來，尋畦剪春雨。」春雨細細，韭葉長長，詩人用刀剪下的是挑著雨珠的春韭，真正的青翠欲滴，鮮嫩動人。

◈春韭

韭菜[註8]為蔥科多年生宿根草本植物，抗寒耐熱，生命力極強。在我的故鄉，菜園多在村頭宅邊，與農家的鍋灶距離最近，那時，家家戶戶皆種韭菜一兩畦。「正月蔥，二月韭」，早春二月，春雷初過，萬蟄驚而出走，韭菜呼啦呼啦地往上直躥。細看，韭葉扁平而細長，綠如翡翠，狀若絲帶，輕輕地舞動暖暖的風，那種舞姿輕盈曼妙，讓路過的農人眼睛一眨不眨地看上半天。這一畦畦綠韭，是春天的入口，向外走，是春野的碧綠滿眼；往家趕，是盤碗裡的腴嫩香鮮。

春韭長至三五葉時收割，謂之頭刀韭，葉片清鮮綠潤，根莖潔白粉嫩，還有一抹迷人的紫，很有些小清新的做派。「綠葵紫芥香尤美，春韭秋菘味有餘」，古人以春韭秋菘為無上美味，頭刀韭鮮味十足，香得要命，能吃到它，那可是幸福得不得了。我們那裡的人割了頭刀韭，必分成數小把，用乾淨的玉米皮一紮，給鄰里親戚送去。那時，人們不懂得何為「綠色食品」，吃著自己種的或別人送的，味鮮美，情深濃，越嚼越有味道。春韭作菜餚，葷素百搭，生熟鹹宜。兒時最流行的吃法是煎餅捲韭菜。洗淨，捲煎餅吃，春韭辛香鮮嫩，煎餅軟而微韌，讓人一口氣能吃三四卷。這種簡滋原味的春卷，那時候的孩子吃的最多，大人們在地裡扛活，煎餅鮮韭都是現成的，自己卷起來徑送口中，即可飽餐一頓，簡單省事，也不虧待口舌。

說到煎餅[註9]，山東雜糧煎餅可謂天下第一，清朝美食家袁枚對其讚不絕口：「薄如蟬翼，大若茶盤，柔嫩絕倫。」煎餅入油鍋煎炸，焦黃酥脆，用口一咬，咯嘣作響，甚有口感。我求學在外，母親總擔心我吃不好，每次回家，都給我烙好一摞油煎餅。她把鮮韭洗淨，切為小段，加入炒熟的雞蛋碎，撒少許細鹽、胡椒粉，拌勻，再將適量餡料放入平鋪的煎餅上，捲起，煎至兩面金黃，嫩黃的烙花散落其上，食之外酥裡嫩，焦柔相濟，直吃得滿嘴是油，特過癮。我那時騎自行車往返學校，臨走時，母親把涼透的油煎餅疊好，用包袱包了，再罩上一層塑膠薄膜，捆在車後座上，輕輕拍打兩下，似是撣去灰塵，又像催我趕路。如今思之，萬千滋味集聚心尖，回味無窮。

◈ 盒子

韭菜芽和豌豆尖，前者是埋在沙土裡極短的嫩芽芽，顏色淺黃，嫩而味美，又名韭黃；入韭菜盒子[註10]為北方傳統名吃，民間有「初一餃子初二麵，初三盒子鍋裡轉」一說。吾鄉標準的做法是乾烙，無油，且餡料為頭刀韭。將豬肉切米粒丁，生薑剁為碎末，入油鍋翻炒至豬肉發白，加醬油、味精炒勻，盛出，與切好的韭菜丁拌勻成餡。麵皮也有講究。溫水和麵，和好了多醒一會，擀製的麵皮要像圓盤那麼大，看上去極為壯觀，包韭菜盒子時，對折，捏為半月形。烙製需文火，宜用平底淺鍋，瞬息可就。剛出鍋的韭菜盒子形如新月，其色金黃，一張在握，食色生香。吃的時候，以牙齒輕叩盒子，如同接吻，香酥酥的，特美妙。內餡軟嫩鮮美，若以舌尖抵一點點入口，稍稍一壓，頓時香嫩滿嘴。這種吃法極文雅，如吹口琴，宮商角徵，清晰可聞。豪邁的食客左一口，右一口，酥脆鮮嫩交錯糅合，生成味蕾的大幸福。

據史料記載，韭菜盒子本是江南美食，喜熱油煎炸，麵皮酥鬆，內餡細嫩，滋味互補，相得益彰。錢塘才子袁枚諳熟南地工藝：「韭菜切末加作料，麵皮包之，入油灼之，麵內加酥更妙。」麵粉加入豬油，比例為二比一，揉勻乃成酥麵，其妙在於一個酥字，入口即酥，細膩綿軟。南北製法略有不同，但三種基本的食材是一致的，麵粉、春韭和油。食俗更無地域之別，皆以韭菜盒子為驚蟄日美食，以之驅蟲。二月驚蟄，天氣回暖，百蟲出洞，春韭根溫葉熱，溫陽益氣，食之可辟邪祛毒，固護人體陽氣，故又名起陽草、長生韭。韭菜春香夏辣秋苦冬甜，一年四季可食，以春韭最為細嫩鮮香，李時珍贊其為「菜中最有益者也」，北宋藥物學家蘇頌鼓勵常食，和他同時代的寇宗奭提醒我們「多食則能昏神暗目，酒後尤忌」。三位醫界巨擘說韭菜，如花開三朵，各具精彩。

◈小炒

若論韭菜之烹飪，袁枚那裡有一份很經典的功能表：「專取韭白，加蝦米炒之便佳。或用鮮蜆亦可，蜆亦可，肉亦可。「蝦米溫陽補腎，與春韭堪稱絕配，在顏色上紅綠相映，清新明快，及至入口，蝦米鮮嫩菜鮮香，直叫人舞動舌尖，大朵快頤。春韭炒蜆肉，先以清水浸養活蜆數小時，撒點食鹽尤妙，促其吐盡泥沙，焯水，待蜆口微張，以筷子夾取蜆肉，洗淨，燒熱油鍋，與春韭快速煸炒，擱鹽，盛入白瓷碗，但見蜆肉白嫩柔軟，靜臥於鮮綠茂盛的春韭裡，意境清新淡遠，很有江南水鄉的韻味。

韭菜小炒是我們這裡家家會做人人喜食的佳餚，為地方名吃「景芝小炒」景菜系之一。春韭有一股撩人的沖味，辛香濃烈，不絕如縷，原因在於其含有揮發油、硫化物等特殊成分，硫化物不但殺菌消炎，還能幫助人體吸收多種維生素，春韭與豬肉配搭，營養又美味。以袁枚的味蕾體驗，小炒肉宜用豬後臀尖，其色淺紅，肉質細嫩，將其切為細絲，熱油起鍋，炒至肉色發白，倒入醬油以潤色，盛出。另起油鍋，薑絲蔥花爆香，再投鮮韭段、豬肉絲同炒，韭鮮肉香渾然一體，觀之，紅條掛綠枝，色彩飽滿華麗，特有喜氣。韭菜小炒上大席，我上師範以後，若假期有喜宴，父親都安排我去，讓我多接觸社會，我因此見識了許多美食。

像故鄉那般鮮香的二月韭，如今寥若晨星。去飯館，點一道韭菜小炒，夾一筷子，含在口裡，不下嚥，吃的已是舊日的回味。

驚蟄
春韭正當時

韭菜雞蛋捲餅

食材

韭菜……400 克
雞蛋……2 個
雜糧煎餅……數張
油……適量
鹽……適量

作法

一、韭菜切成碎末狀，加入兩個雞蛋、鹽調味，拌勻備用。

二、熱鍋熱油，加入拌好的韭菜翻炒，炒至雞蛋凝固撈起，放涼備用。

三、煎餅切半，鋪上韭菜內餡，蓋上另一半煎餅，四周折起封口。

四、煎台預熱刷上一層油，放入包好的煎餅，在煎餅上也刷一層油。

五、小火煎至雙面金黃即可。

說四季

註7 翦春韭

古人認為春初的韭菜為人間美味，故以「翦春韭」為召飲的謙辭。

註8 韭菜

又稱「起陽子」，叢生，葉細長而扁，開小白花，葉子和花可以食用。《本草綱目》提到：「（韭菜）生汁主上氣，喘息欲絕，解肉脯毒。煮汁飲，能止消咳盜汗。韭籽補肝及命門，治小便頻數，遺尿。」韭菜含有蛋白質、維生素B、維生素C，還有礦物質鈣和磷、胡蘿蔔素、鋅元素，是高營養價值的食材。

註9 煎餅

傳統食品之一，各地做法、食法略有變化，大多是用雜糧調成麵糊烙成，有厚有薄，可與其他菜色搭配，營養價值高。

註10 韭菜盒子

起源於山東，內餡是韭菜切碎加上炒雞蛋與小蝦米、冬粉和油蔥，最後會將餅皮包著內餡對摺，呈現半圓形，放置平底鍋油煎（也可不加油），類似韭菜煎餃，但比煎餃大很多。台灣中式早餐店也非常常見。

春分

〈甦醒〉　　　　　　　　宋・徐鉉

春分雨腳落聲微，柳岸斜風帶客歸。
時令北方偏向晚，可知早有綠腰肥。

春分，最喜一畦菠菜

春分吃春菜。在我的故鄉，春菜多得去啦。田間地頭，菜園野地，樹梢水底，啥菜都有：薺菜、苦菜、韭菜、蒜苗、香蔥、榆錢[註11]、香椿、蘆筍，還有菠菜。

◈運氣菜

「北方苦寒今未已，雪底菠稜如鐵甲」，蘇軾所吟詠的菠稜就是菠菜。貞觀年間，尼泊爾國王從西域菠稜國帶來一種珍稀菜蔬進獻唐太宗，葉碧翠，根紅豔，人皆呼為菠稜菜。菠菜，藜科菠菜屬草本植物，一年四季均可種植。越冬栽培的，我們這裡叫埋頭菠菜，它貼地而生，在冬雪和春風裡發育得根紅葉綠，到春分時節，菠菜的莖葉往上挺翠，向外鋪綠，猶如地下的泉水汩汩翻湧，長勢喜人。

說到春分，那真是一個美好的節氣。俗話說，吃了春分飯，一天長一線[註12]。這一線說的是光線，過了春分日，白晝漸長，氣溫升高，春色更濃。若從節氣養生上看，春分吃對了，人的生命力就十分旺盛，尤其是小孩，個子猛躥，一天一個樣。那就吃菠菜吧。菠菜性涼味甘，是春天的當令菜蔬，其生長成熟應和著自然的節律，這叫「運氣菜」，在根莖葉之間運行的是天地之精氣，色味俱佳，更有利五臟、活血脈、調中氣、止煩渴的功效。在美國動畫片《大力水手》中，菠菜叫大力菜，卜派[註13]吃了一罐菠菜，雙臂一振，胳膊上的肌肉瞬即隆起，狀如山丘，甚是威猛。

◈菠菜餅

我從小就愛吃菠菜。記得那年春天，我得了肺炎，住進了鄉鎮衛生院。我以為自己快不行了，喘氣就像拉風箱，呼哧呼哧直響。大姑趕來看我，她坐在床邊，用手撫摩著我的胸口和小臉，問我想吃什麼。我說，菠菜餅。生病的孩子想吃東西，那就是身體狀況好轉的先兆，這絕對是一個好消息。我是被一陣香氣饞醒的，一睜眼，大姑就夾了菠菜餅，送到我的嘴邊，咬一口，細膩酥嫩，香鮮滿嘴，連吃七八個猶不過癮。大姑今年八十多歲了，得了老年癡呆症，一見我，她就不停地用衣袖擦自己的眼角。而我就會想起那圓溜溜香滋滋的菠菜餅，黃綠相間，油潤光亮，叫人吃過一次，回味一生。

菠菜餅是油煎而成的一塊餅，油熱而不沸，倒入菠菜碎、雞蛋、麵粉調勻的糊，炸至兩面金黃即可。菠菜雞蛋湯更為簡單。水沸後，撒一把焯過的菠菜熬個湯底，待菠菜六七分熟，慢慢倒入拌勻的蛋液，煮一滾水，蛋花盛開，關火，香油、味精、食鹽、胡椒粉等調味品，想加什麼均可。吃了一些飯菜，喝一口汁濃味鮮的湯，滋陰潤肺，養胃生津，這才叫一個舒坦。菠菜雞蛋湯還有一個高雅的名字，叫芙蓉菠菜湯，多是有身份的人忌諱蛋字所為。我們這裡可沒這種禁忌。春分到，蛋兒俏。豎立在平整桌面上的雞蛋，猶如古老的圭表論證著春分的晝夜均等陰陽調和，光潔的雞蛋也是我們為自己確定的肖像輪廓，它保存著兒童時代的好奇心和創造力。

豎蛋需選鮮雞蛋，其蛋黃下沉，重心下降，易於豎立。先豎立起蛋，再讓嘴巴盡情享受一下，那快樂真的闊大無邊。菠菜炒雞蛋，碧綠金黃相輝映，舉箸入口，猶如漫步於清新敞亮的鄉間，更妙的是其味清爽而淡遠，宛若品味唐人的田園詩。

清代詩人袁枚對故鄉的吃食有著熱忱的情意，他細心地記錄著家鄉菜的做法：「菠菜肥嫩，加醬水、豆腐煮之。杭人名『金鑲白玉板』是也。」這道菜就是菠菜煮豆腐，袁枚是以吃食為載體，推崇故鄉那種淳樸精緻的生活方式。汪曾祺憶及兒時的拌薺菜，靈機一動，就多了一道很有創意的美味——涼拌菠菜，汪老先生就像一個俏皮的孩童，把菠菜摶成寶塔狀，吃時淋以麻油醬醋，推倒拌勻。這和他的作品相似，文字饒有童趣，始終位於我們親切感的中心。

涼拌菠菜是我的拿手菜。每每待客，我家必以涼拌菜打頭陣，屢屢征服食客的味蕾。我以涼拌菠菜之法拌油菜、拌茼蒿、拌茄子、拌白菜，這叫「一招鮮，吃遍天」，其工藝秘訣在於注重細節，細中見精，用一葉綠一滴香提升味蕾的高度。菠菜含草酸，易與鈣結合成難溶的草酸鈣，涼拌熱炒，須先焯水。焯水之後，我再用冷水一浸，浸出它的翡翠綠，撈出，瀝乾。不切段，就讓它那麼原生態地綠著。乾辣椒煉油是險招，一是辣椒易焦糊，有股子苦味，以前，我把乾椒放在鏊子上，以柴火烘烤，少有失手；二是煉油時特嗆鼻，讓人咳嗽不止。燒熱鐵鍋，將辣椒段乾炒，至表皮生出淺黃色虎斑花紋，倒入花生油，猛火煸炒一會兒，淋在菠菜上，加細鹽、味精，拌勻即食。後來，我靈感突現，加了一道暖胃解毒的配料，鮮蒜泥，蒜香濃郁，讓人胃口大開。搗蒜泥的時候，我都是點上幾粒熟花生米，把蒜香給領出來。汪老以此菜應急，以待不速之客，我做涼拌菠菜耗時極長，須精心準備。丈母娘第一次來我的小家，那是單位的一間宿舍，洗菜下鍋，她都看在眼裡，嘗了一筷子涼拌菠菜，她就口服心服了，直誇「這孩子好，做菜好吃」。

不止涼拌，菠菜做出來的菜皆是清新一派。菠菜莖葉鮮嫩多汁，可榨取汁水，或燒菜，或擀麵，均色如翡翠，口感鮮美。譬如江南名菜翡翠蝦仁，是用菠菜汁給大青蝦著上一層翡翠色，構思精巧，工藝亦十分考究。精選菠菜之肥厚綠嫩者，洗淨，去根，切為小段，榨汁，入沸水蒸煮至浮沫出現，以小勺舀起，倒入去皮洗淨的河蝦中，加細鹽和澱粉醃製，油炸河蝦時勾入薄芡即可。這一款菜餚晶瑩剔透，綠意盈眼，極有清新淡雅的江南意境。

徽菜館的四寶菠菜也很有名，是開國第一宴的一道冷菜。此菜四色分明，鮮嫩適口。先說四色菜蔬，菠菜翠綠，竹筍白嫩，香菇鵝黃，火腿紅潤，如一首格調清新意境淡遠的唐人絕句。四道工序，清水洗塵，四色菜蔬分別切丁，入沸水焯燙以斷生，加細鹽味精香油拌勻，一番起承轉合之後，碧玉盈盤，紅黃白點綴其間，讓人看了又看，不忍下箸。

關於菠菜的文字，我最喜歡的是李時珍的描述：「其莖柔脆中空。其葉綠膩柔濃，直出一尖，旁出兩尖，似鼓子花葉之狀而長大。」文字如詩如歌，呈現著菠菜鮮嫩的美質和生命的躍動。李時珍還說，菠菜通血脈，開胸膈，下氣調中，止渴潤燥。好話都讓他說了，我們就拎著提籃，去春天的菜園採食菠菜吧。

春分
最喜一畦菠菜

菠菜餅

食材

雞蛋……4 個
麵粉……300g
菠菜……約 3 把
水……適量
鹽……適量
油……適量

作法

一、菠菜切碎，加入麵粉拌勻。

二、加入鹽、水、雞蛋攪拌至沒有顆粒、半流動狀的菠菜麵糊。

三、熱鍋熱油，倒適量麵糊至鍋中，均勻攤開，小火慢煎。

四、一面煎至金黃定型後翻面，兩面煎至金黃即可。

春分
最喜一畦菠菜

菠菜雞蛋湯

食材

菠菜……1 把
雞蛋……3 個
青蔥……適量
水……適量
鹽……適量
香油……適量
白胡椒粉……適量

作法

一、菠菜洗淨切段、青蔥洗淨切末、雞蛋均勻打散備用。

二、熱鍋放水煮滾，倒入蛋汁形成蛋花。

三、放入菠菜約五分鐘，加入鹽、香油、白胡椒粉調味即可。

說四季

註11 榆錢
榆錢：在春暖時長出一串串形圓薄如錢幣，故稱「榆錢」，與「餘錢」諧音，又稱榆英、榆實、榆子、榆仁、榆莢仁。富含維生素A、維生素C、煙酸、抗壞血酸等營養素，可健脾和胃，治食欲不振、清熱安神，治療神經衰弱、失眠。胃潰瘍、十二指腸潰瘍患者須謹慎服用。

註12 吃了春分飯，一天長一線
俗語。意指春分以後，人體新陳代謝旺盛、血液循環加快，生長激素分泌增多，是孩子們長高的最佳時段。

註13 卜派
卜派：原寫作「波佩」，美國知名漫畫《大力水手》故事主角。

清明

〈清明〉　　　　　　　　唐・杜牧

清明時節雨紛紛，路上行人欲斷魂。
借問酒家何處有？牧童遙指杏花村。

清明，冷食的味道

日常生活有了節氣，猶如歌詞譜上旋律，那就喊一喊跳一跳吧，各種習俗活動應運而生。清明掃墓祭祖的習俗始於漢代，世代相沿，又有插柳、踏青、盪鞦韆、放風箏等民俗活動久盛不衰，使得清明演變成一個歲時節日。冬至後一百零五天為寒食節，約在清明前後，唐朝把兩節合而為一，積聚熱度，一個民族的文化心理趨於成熟。

◈寒食

「四海通寒食，千古為一人」，清明節要吃冷的食物，謂之寒食[註14]，以追念忠孝名士介子推[註15]。清明的傳統食物有青團[註16]、粽子、饊子[註17]、棗糕、薄餅、雞蛋、冷粥等。餅卷雞蛋是我們這裡的特色食品。餅的妙處在於軟而柔韌，而雞蛋入口酥爛，二者口感層次分明，再有一絲絲鹹味兒，足以讓人張開大嘴，飽餐一頓。手擀餅，煮雞蛋，做法簡單，吃到的卻是食物的本味。記得小時候，一到清明節，母親就把餅和雞蛋放在飯桌上，讓我們自己捲，那種過程很是享受。有一次，饞嘴的妹妹捲了雞蛋、香蔥段、韭菜條、鹹菜絲，那卷餅又粗又胖，她把餅和一臉蛋的傻笑舉起來，炫耀，母親直誇她長大了做飯准好吃。即將升級為婆婆的妹妹，說起那年的卷餅，說起去世的母親，眼淚撲簌撲簌地往下落。母親的生活理想是讓一家人吃上熱湯熱飯，她推得碾拉得車，背得了麥子打得了場，我們吃好了，她就心滿意足。小時候，清明吃冷食，是習俗；如今已是一種自覺的行為。唇舌有了冷食的依靠，咀嚼不盡的是無限的思念與憂傷。

早餐吃冷食，易傷胃氣。饊子油而不膩，甜中有香，入口即碎，口感清新，與腸胃甚是相宜。饊子古稱寒具，南北之通食，李時珍《本草綱目》：「冬春可留數月，及寒食禁煙用之，故名寒具。」北地饊子以小麥粉為主料，江南則主打糯米麵，皆搓為細繩，挽曲如環，油炸而成，擱置數日，香脆如初。徐州饊子呈蝴蝶形，美豔至極，風味殊絕，才子蘇軾尤為喜食，寫有《寒具詩》以詠唱之：「纖手搓成玉數尋，碧油煎出玉黃深。夜來春睡霧輕重，壓扁佳人纏臂金。」好一個纏臂金，在詩人眼裡，饊子那可是美人的環釧，單是那細勻勻的饊條黃亮亮的色彩就讓人目不轉睛了，它還纏繞成手鐲狀，以其香甜酥脆套牢我們的味蕾。麻花的工藝更為精細，以兩股條狀的麵扭轉抻拉折疊而成，狀若雙龍盤旋，食之爽脆甘甜，可佐酒，亦可為茶點。我迷戀的是咬食時那種清脆的響聲，恍若童年的腳步，宛如故鄉的鳥鳴，依稀看見，那個兒時的我，一蹦一跳地走來，手裡晃動著一個圓圓的柳條圈，他的身後是一條撒著歡兒的小狗，一路春風蕩蕩，柳色青青。

◈青白

清明的吃食有著鮮明的清明色彩。時至清明，楊柳青蔥，時蔬青綠，莊稼青碧。清明的「青」，讓我們從緬懷先人的憂傷中抬起頭來，朝前走，郊外踏青，氣清景明。各色吃食亦是青色深濃。青團，也叫清明果，是一種用草頭汁做成的綠色糕團。草頭可選艾草或鼠曲草的嫩梢梢，亦可為樹的綠葉葉。知堂老人小時候吃過的青團是以鼠曲草為輔料做成的，浙東人叫它黃花麥果，「春天采嫩葉，搗爛去汁，和粉作糕」（周作人〈故鄉的野菜〉）。嫩莖嫩葉洗淨，熱水一焯，擱在砧板上用刀背敲爛，以石頭搗臼搗碎亦可，倒入糯米粉拌勻，揉合成團，蒸熟即可。白白的米粉，配青青的嫩葉，那可是白面書生遇見青衣女子，潔淨晴朗。蒸好的青團油綠如玉，清香撲鼻，吃在嘴裡韌綿糯滑，讓味蕾興奮不已。最耐咀嚼的還是它的名字黃花麥果，採食的分明是嫩梢頭，卻以其夏日黃花名之，青團之加工若草木而葉而花而果，這種跳躍是詩意的，自然的，讓人吃著青團，品味的是生命的生長與成熟。有一種青團口感層次尤為豐富，草頭拌以米粉，搗柔，放豬油一勺，揉成麵團，揪為大小均等的劑子，拍扁，裹以糖豆沙等餡料，入籠熱蒸，其製法與水餃相似，味道甜而不膩，肥而不腴，江南人多以此祭祖，借表孝忱之意。

清明的菜餚以涼拌青菜為妙品，譬如清拌黃瓜條，馬蘭頭拌香乾，取其青青之色，以作清明之韻腳。清人潘榮陛在《帝京歲時紀勝》記載了兩款美食：「香椿芽拌麵筋，嫩柳葉拌豆腐，乃寒食之佳品。」麵筋入佳餚，始於南北朝時期。以清水、食鹽和麵，揉合成團，複以清水反復搓洗，洗去澱粉，剩下的即為麵筋，煮熟即可。香椿洗淨，以開水焯燙，切小段，與切為細絲的熟麵筋同拌，食鹽、味精、香油隨意點染，夾一筷子入口，軟者韌，嫩者脆，尤其是香椿那股濃濃的香氣，伴著暮春的暖風撲面而至，醉人心扉。嫩柳葉我吃過，那是一個到處尋吃覓食的年代，挖野菜，捋樹葉。柳樹葉澀味重，洗淨，熱水焯了，續以清水浸泡一晚，撈出，剁碎，撒入少許食鹽、地瓜麵，拌勻，放在籠屜上大火速蒸七八分鐘，可食。這救饑的柳葉，拌上白嫩的豆腐，就是生活的美味。品入口中，豆腐鮮嫩，柳葉清鮮，一股清爽之氣在五臟六腑中緩緩蔓延，人的身心為之明淨而清潔。

「寒食尋芳遊不足，溪亭還醉綠楊煙」（唐．成彥雄〈暮春日宴溪亭〉），清明出遊，遊必

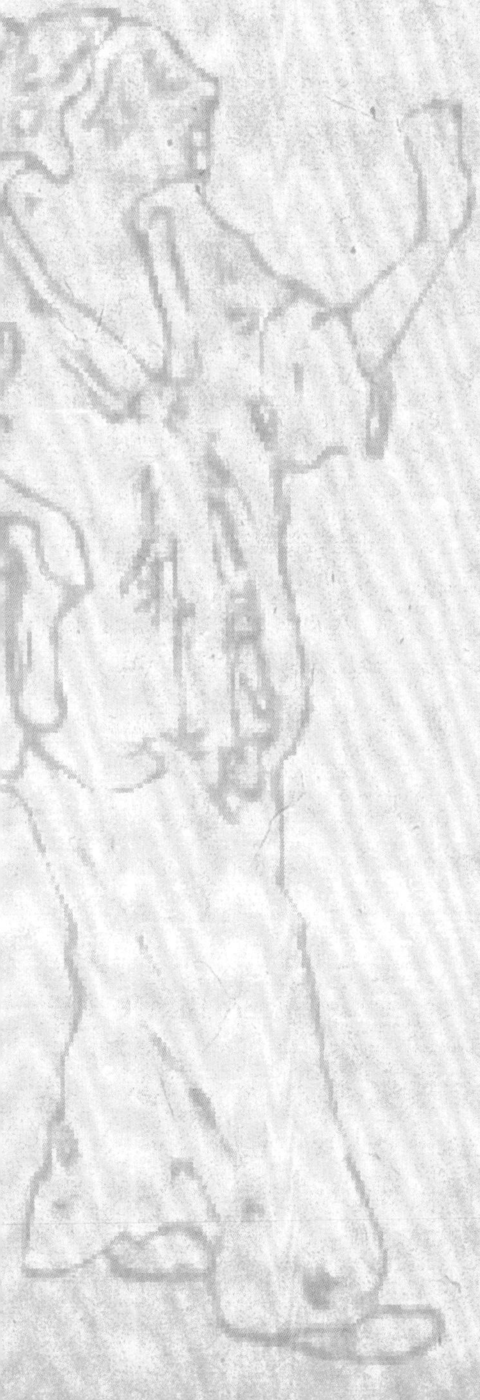

盡興，那就野宴吧。細嫩的草芽，翠嫩的菜葉，嬌嫩的春花，均可採食。芳樹之下，園圃之間，喝著美酒賞著春色，人逍遙，青柳綠楊亦有醉意。古時的清明，江渚池沼上，優哉遊哉地飄著一些酒杯，杯中載著清洌甘醇的酒香，浮至人前，取而飲之，這叫曲水流杯。

美景，觴詠，植物茂盛，人的生命亦無比旺盛。

清明
冷食的味道

青團（艾米果）

食材

糯米粉……100g
蓬萊米粉……30g
菠菜……一小把
紅豆沙……120g
糖……適量
油……適量

作法

一、菠菜煮軟打成汁備用（過篩網更佳）。

二、糯米粉＋蓬萊米粉＋糖再倒入菠菜泥青汁，揉成糰，用塑膠袋包起醒二十分鐘。

三、取適量麵團，包入紅豆沙揉成圓球狀，直到用料用完。

四、放入蒸籠中蒸熟（約十五分鐘），完成。

清明
冷食的味道

青拌黃瓜條（涼拌小黃瓜）

食材

小黃瓜……5 根
蒜頭……5 顆（略拍碎去皮）
辣椒……適量（也可不加）
二砂糖……適量
鹽……適量
醋……適量
醬油……適量
香油……少許

作法

一、小黃瓜去頭尾，切段（約三公分），將小黃瓜段拍裂，至於盆中。
二、加入蒜頭、辣椒、砂糖，拌勻放置二十分鐘後，將水份瀝乾。
三、另外一碗加入鹽、醬油、香油調成喜歡的醃汁口味。
四、將小黃瓜與醃汁拌勻，冷藏一小時即完成。

註14 寒食節 又稱禁菸節、冷節、百五節，通常是冬至後第一百〇五天，在清明節前一或二天。清初湯若望曆法改革，民間將寒食節定在清明節前一天。

註15 介子推（本書原註） 又作「介之推」，後人尊稱為介子，春秋時期晉國（今山東介休市）人，因「割股奉君」，隱居「不言祿」之義舉，深得世人懷念，死後葬於介休綿山，晉文公重耳深感其德，立廟祭祀，由此產生了寒食節。

註16 青團 又稱清明果、艾米果、艾粑粑等，創於宋朝，是中國南方部分地區清明節時的食品之一，外皮鬆軟，夾心多為豆沙，不甜不膩，有青草香氣。因為其色澤為青綠所以叫做青團，是清明節的寒食名點之一。

註17 饊子 《本草綱目》：「寒具，即今饊子也，以糯粉和麵，少入鹽，牽索紐捻成環釧之形，油煎食之。」形如柵狀，細如麵條，是一種在漢族、回族、哈薩克族、維吾爾族等民族生活之地區常見的油炸麵食。

谷雨

〈牡丹圖〉　　　　明．唐寅

穀雨花枝號鼠姑，戲拈彤管畫成圖。

平康脂粉知多少，可有相同顏色無。

穀雨，椿芽嫩如絲

穀雨吃香椿[註18]是我們北方的習俗。「雨前椿芽嫩如絲，雨後椿芽生木質」，這雨，就是穀雨，春天的最後一個節氣。香椿，那可是香透了整個春天的樹種。

椿芽，也叫香椿頭，不但芳香怡人，而且脆嫩清鮮，營養豐富，被稱為「樹上蔬菜」，「其葉自發芽及嫩時，皆香甜，生熟鹽醃皆可茹」（徐光啟《農政全書》）。

◈炒

早春二月，香椿噴芽，紫色的小芽，略帶一點羞赧的紅，這椿頭可不能打。香椿的生長有些小可愛，慢慢地打開它嫣紅的葉，那細嫩的莖像極了美女的脖頸，美得叫人心尖兒生疼。香椿頂芽品質色澤俱佳，為上品，長到一拃長，即可採食，謂之吃春，亦可促其分枝抽葉。我們家鄉炒菜喜爆鍋，蔥花、薑末均可。頭茬椿芽肥美鮮嫩，香味特濃，母親常以之爆香油鍋。椿芽三兩片，洗淨，切碎，待油鍋燒熱，投入香椿末，刺啦一聲響，香味往上直躥，放入青菜，翻炒幾下，未待盛盤，那香味已把灶屋塞得滿滿當當的，若是有人從外面闖進來，准能香他一個跟頭。

香椿煎雞蛋是一張黃綠相間的圓餅，擱在白瓷盤上，圓圓滿滿的，吃時用筷頭從邊沿挑一點入口，脆嫩鮮香，尤其是食後尚有一股鮮爽之氣在舌齒間迴旋，讓人十分的愜意。香椿煎雞蛋是時令佳餚，小時候，母親告訴我，等布穀鳥叫了，就能吃上這道菜。布穀要是像公雞那樣天天打鳴，多好，一睜眼就是一盤香椿煎雞蛋。「布穀聲中雨滿犁，催耕不獨野人知」，布穀的叫聲也是有時令的。布穀布穀，它在催耕，也在催收。「溪童相對采椿芽，指似陽坡說種瓜」（元好問〈遊天壇雜詩〉），時至穀雨，椿芽盈籃香滿天，香是有形體的，香椿的香就像溪水，嘩啦嘩啦地流淌，香瓜的香宛如遠天的白雲，縹縹緲緲，引人遐想。

採食香椿始於漢代。唐朝時，南荔枝北香椿被列為貢品，快馬疾馳，皇上妃子們吃到的椿芽遠不及樹上的新鮮，且在速遞過程中亞硝酸鹽含量大幅度升高，食用不當易引起中毒甚至危及生命。從這一點上看，我們比那些達官貴人更有口福。自家樹上長的，想吃就採摘，第一時間吃進嘴，吃不了送鄰居，大家都吃到了，那才叫一個香。新鮮的椿芽硝酸鹽和亞硝酸鹽含量較低，吃前以沸水焯燙，可放心食用。醃製椿芽，亦須過一遍沸水，配以茶葉同醃，色鮮味香，安全亦有保障。當年蘇軾拼死吃河豚，河豚有劇毒，但其肉之鮮美無法形容。

香椿亦是風味殊絕，營養價值遠高於其他蔬菜，那點小毒好比美女有些小脾氣，它以此試驗那些天天把愛掛在嘴邊的人，它願意把美味獻給溫暖它珍愛它的人。

◈拌

香椿只有一季的青春，當惜；椿芽好吃，「嚼之竟日香齒牙」（明・屠本畯〈野菜箋〉）。椿芽最鮮嫩的吃法是涼拌。「采嫩芽炸熟，水浸淘淨，油鹽調食」，簡單的食材，簡易的製法，清鮮的本味，《救荒本草》[註19]所述涼拌椿芽實為救饑，讓災民的身體獲得喘息和再生的機會，這菜餚是荒年的救世主。如果提升一下生活品質，也很簡單，那就來一盤香椿拌豆腐。「一箸入口，三春不忘」，是汪曾祺先生的美食體驗吧。且看汪老夫子如何下廚：「入開水稍燙，梗葉轉為碧綠，撈出，揉以細鹽，候冷，切為碎末，與豆腐同拌（以南豆腐為佳），下香油數滴。」豆腐嫩，香椿香，綠白相映，鮮香相融，甚是賞心悅目，一旦吃過，餘香繞舌，綿延不絕，那味道真的沒得說了。香椿拌豆腐是藥膳，有益氣和中、生津潤燥之功效，吃著春天，吃出健康。

香椿竹筍亦是無上妙品。高處的椿芽臨風流香，雨後的春筍清雅脫俗，一個是翩翩少年，一個是窈窕淑女，這一場姻緣，是兩情相悅，珠聯璧合。美食家李漁曾在不同的場合讚美過它們。「菜能芬人齒頰者，香椿頭是也」，他又說竹筍，「此蔬食中第一品也，肥羊嫩豕，何足比肩。」這位錢塘才子吃過香椿竹筍否？這可是至鮮至美之名肴，又能清熱解毒，利濕化痰，那就抓緊操刀主廚吧。先以竹筍來個大寫意，剝去筍殼，略洗，刀具揮舞，如劈木柴，斬為塊狀。椿芽則須用工筆，處理得細緻精美一些，洗淨，入沸水焯燙，撈出，切細末，以精鹽略醃入味。煸炒時，先是劈柴塊，然後落一陣香椿雨，再以鮮湯薰染，精鹽味精點染，旺火收汁，盛盤。這道收放自如的佳餚，端上桌來，端的是美麗如畫，白白嫩嫩的筍塊上，臥著星星點點的綠，像是一些芽尖尖呼啦啦地鑽出薄薄的積雪，讓人看見了一個昌盛踴躍的春天。

◈炸

椿芽煎炸拌炒，均香鮮無比。煎香椿餅、炸香椿魚、香椿拌花生、椿芽炒雞絲，美味多多，我最愛吃的是香椿魚，鹹酥香脆，它是童年吃過的食物，是我的母親把跑到油鍋裡的椿芽兒炸成

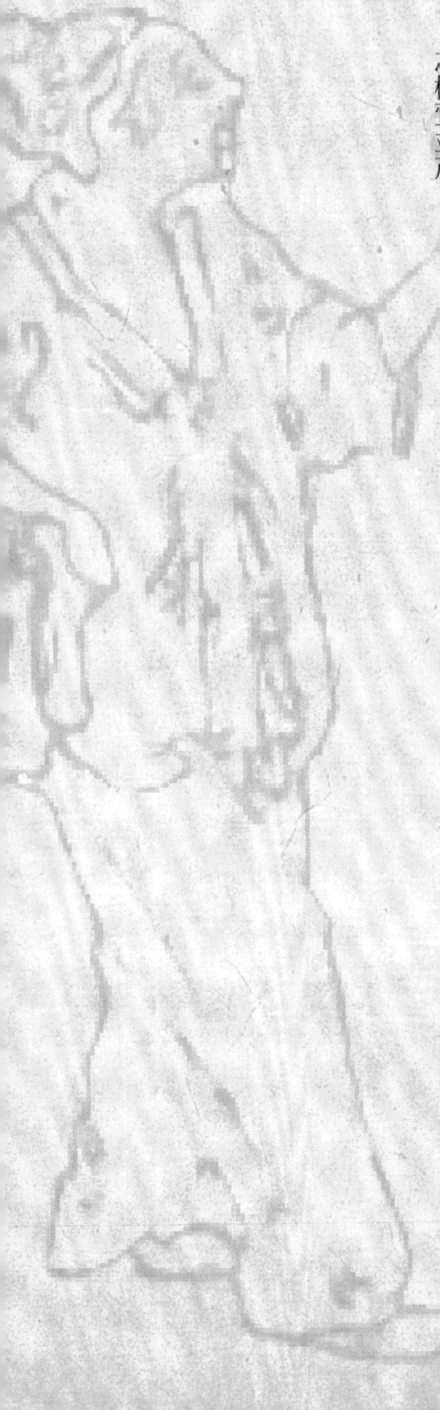

香噴噴的小黃魚。那個場景至今猶記，母親用手指夾著洗淨焯水的香椿頭，去麵糊裡掛一層薄漿，然後投到油鍋裡，熱油翻滾，長橢圓形的椿芽兒潑刺刺一轉身，就披了錦鱗，讓人如讀一章神奇的童話。

美的食猶如美的童話，尤其是椿芽之類的自然食物，它塑造著我們自然、淳樸、本真的個性。童年的那些清鮮脆嫩的美味，拉近著我們與自然世界的關係，一種樸素的自然情感由此形成。「香椿樹街」是江南才子蘇童溫習童年生活的一個文學地理。蘇童以他頑強的少年記憶撿拾著被人遺忘的生活碎片，那是一條潮濕寧謐的老街，老街上的少年有著荒誕而堅韌的嚮往。那些殘酷的青春故事，殘酷得讓人震撼，猶如布穀啼血染紅了椿芽。

蘇童的香椿樹街沒有香椿樹，那是一個寓言世界。我的故鄉，香椿隨處可見，那可是長壽之樹，「以八千歲為春，以八千歲為秋」（莊子《逍遙遊》）。古人以椿萱喻父母，父母俱在，謂之椿萱並茂。

穀雨
椿芽嫩如絲

香椿炒竹筍

食材

香椿……40g
竹筍……200g
油……適量
鹽……適量
香油……適量
太白粉……適量

作法

一、竹筍洗淨切片，川燙後撈起備用。
二、香椿洗淨切末，用鹽略醃一下去水分。
三、太白粉加水拌勻備用。
四、熱鍋熱油，加入竹筍、香椿翻炒，用鹽調味，加入適量太白粉水勾芡，最後淋上香油即可起鍋。

立夏
櫻桃的歌聲

炸香椿魚

食材

嫩香椿……一小把
雞蛋……一個
水……適量
麵粉……100g
油……適量
花椒……適量

作法

一、香椿洗淨，去除根部，切段快速川燙。
二、蛋打散，分次加入麵粉拌勻，加入適量的水讓麵糊黏稠即可。
三、熱油熱鍋，將香椿均勻沾上麵糊後入鍋炸至金黃，撈出瀝乾，撒點花椒或胡椒調味即可。

說四季

註18 香椿 又名香椿芽、香椿、香椿頭、大紅椿樹等，香椿木可製作家具、造船、建築材料，或是用於庭院和街道旁的觀賞樹木。香椿葉味苦，性寒，根、皮、葉、花和果實均可入藥，有清熱解毒、健胃理氣、止血固精的功效。

註19《救荒本草》 明代早期的一部植物圖譜，它描述了植物形態，展示了當時經濟植物分類的概況，它是歷史上最早的一部以救荒為宗旨的農學、植物學專著，書中動植物資源的利用、加工炮製等方面也做了全面的總結。

輯二

夏之鮮果

稀疏的籬笆。籬笆這邊，是紅彤彤的番茄；那邊，就是我們亮堂堂的家。這紅紅的果實，就像夏天的太陽，它的出現，讓夏天趨於明亮飽滿。

番茄，亮亮的紅，無數圓潤潤紅撲撲的小臉蛋。它有幸福的形狀，它有歡喜的表情，它照亮著我們的歡悅。紅紅火火，團團圓圓。從菜園到盤碗，一顆番茄紅光滿面，一鍋番茄湯幸福滿滿。夏天的番茄，是一個美滿的容器，盛滿夏天的光陰之美和驚豔之美。

作為家園的鏡像，籬笆邊的番茄凸顯著鄉村的生活之美和人間歡愉的諸多形色。

立夏

〈立夏〉　　　　宋・趙友直

四時天氣促相催，一夜薰風帶暑來。
隴畝日長蒸翠麥，園林雨過熟黃梅。
鶯啼春去愁千縷，蝶戀花殘恨幾回。
睡起南窗情思倦，閒看槐蔭滿亭台。

立夏，櫻桃的歌聲

櫻桃好吃。我對櫻桃之愛，從童年開始；我對櫻桃之愛，願以之勵志。

那時，我的小村沒有櫻桃樹，小村的長街短巷流淌著一些激蕩人心的旋律：「櫻桃好吃樹難栽，不下苦功花不開。」

◈栽種

櫻桃樹為薔薇科落葉喬木，舊時栽培極其艱難，嫁接所用砧木多為山櫻桃，介面處需特級護理，以塑膠薄膜包紮結實，置於陰涼通風處，日日以水噴之，待接穗上迸出一兩瓣屈曲撓彎的嫩芽，尤須精心照料。澆水，施肥，到了櫻桃側枝叢生的時候，就要短截疏枝了，過密枝、重疊枝、交叉枝都要疏除。

很多會侍弄櫻桃的果農，用鐵絲把主枝側枝全部拉成一條直的線，不彎弓，不抬梢。櫻桃的栽培和儒家的修齊治平很相似。櫻桃開傘狀的白花，生卵形的綠葉，等它掛上圓不溜丟的紅果，已是五六年之後的光影故事。

◈櫻桃宴

寒門學子尤為懂得櫻桃的滋味。

唐朝，科舉放榜之時，恰逢櫻桃初熟，顆顆珠玉如喜慶的燈籠掛滿枝頭，抬眼處處見紅妝。大唐皇帝親自在長安東南曲江池畔設宴，慶賀新科進士及第，席上美味雜陳，更有時令妙品櫻桃鮮豔登場，故名「櫻桃宴」。那些長衫飄飄喜氣洋洋的書生，沉醉於美色美味的狂歡之中。

千百年來，一樹櫻桃紅成了科舉制度的宣傳畫，讓寒窗內面壁苦讀的書生想像著一舉成名時的光芒萬丈。

其實，櫻桃宴上所食為酪澆櫻桃，赴宴者一人一小盅而已。「昨日酪將熟，今朝櫻可餐」（梅堯臣《並日得朱表臣酪及櫻桃》），斯時，櫻桃未完全成熟，其味不佳，乳酪香甜滋潤，正好遮了櫻桃的澀，活了櫻桃的鮮，入口鮮甜滋潤，風味殊絕，實乃嘗新之佳品。

鮮櫻桃去蒂，洗淨，切為兩半，去核，盛於白玉盤中，澆上冰鎮的乳酪，攪勻即可。乳酪雪白，飄渺如霧，輕籠似紗；櫻桃豐盈鮮紅，宛若女子小而紅潤的櫻唇，叫人浮想聯翩。「香浮乳酪玻璃碗，年年醉裡嘗新慣」（辛棄疾〈菩薩蠻．坐上賦櫻桃〉），以小銀勺舀之，擱在舌尖上，只覺得一股爽甜旋即向舌床蔓延，整個人都成了一個蜜罐兒。

◈採摘

今年立夏時節，我們一群文人去一個山區小鎮，趕赴一場櫻桃的盛宴。這個小鎮，人稱櫻桃之鄉。四月的山鄉綠色洶湧，蒼翠層疊，顆顆紅珠浮耀於綠浪之間，甚是絢麗鮮豔。

「赤玉妝盈村，紅珠摘滿筐」註1，路邊有很多果農在賣新摘的櫻桃。那些如珠似火的櫻桃用柳條筐盛了，紅豔豔亮晶晶的，猶如大地的神燈，被太陽的火把點亮了。樹上的櫻桃別有一番風姿。櫻桃在綠葉的遮掩下若隱若現，彷彿鄰家女孩用綠籮扇遮了她粉紅的俏臉，那種羞色尤為迷人。古人喜用水果形容女子的美，譬如杏眼、桃腮、櫻唇，教人嘴饞得很。拈一顆細細端詳，果圓色魅，玲瓏剔透，塞入口中，果肉細膩柔軟，輕叩牙齒，吐出果核，雙唇一抿，滿嘴清爽甘甜，難怪白居易與友人同食櫻桃之後大發感慨：「肉嫌盧橘厚，皮笑荔枝皴。瓊液酸甜足，金丸大小勻。」

櫻桃園裡集聚了好幾個品種，有紅燈、黃蜜、龍冠。果園的男主人給我們送來幾根綁有鐵鉤的長竹竿，說高處的櫻桃甜，他的婆娘則拎了幾個提籃，叮囑我們別碰落了櫻桃葉，明年還會長出大紅燈的。採摘櫻桃時，我們十分地小心謹慎，生怕碰落了其他的瑪瑙，畢恭畢敬地伸出靈活的右手，接近紅果時，拇指和食指鄭重地靠攏，捏住纖細的櫻桃蒂，輕輕地掐斷，千片碧油裡的一顆紅珠才成為手心裡的寶。

那是一個讓人陶醉的下午，大地像澄澈的天空那樣，變得遼闊無邊，綠意無限，那萬綠叢中的點點紅，猶如醒目的標點，把天和地連綴成一部恢宏的長篇；又如一些響亮的音符，在枝柯的音階上歌著夏天，唱著華年。風過處，「風流妙舞，櫻桃清唱，依約駐行雲」（晏殊〈少年遊〉），那些色豔味甘的櫻桃不就是夏天的小美女嗎？嗓音清澈甜美，圓潤清亮，歌聲過處，夏天旺盛生長。

「朱明時節櫻桃熟，捲簾嫩筍初成竹」（〈敦煌曲子詞・菩薩蠻〉），朱明即立夏節。百果第一枝紅在立夏時節，這是一件多麼意味深長的事情。日出櫻桃樹，大地上新的光出現了，這是一種來自植物自身的光芒。它是那麼的紅，乍一看，它有北方女子的熱情奔放，細端詳，又有江南女子的嫵媚嬌羞，叫人豔羨不已。古人以櫻桃為果中之王，鮮櫻桃上市，酪澆櫻桃成為文人雅士首選美食。

櫻桃，果實小巧，含在口中慢慢品味，涼浸浸的甜，清爽爽的香，在唇舌間一漾一漾的，恍若溪水流淌，恍若花香縈繞。櫻桃酒香味濃郁，清柔醇厚，尤讓人沉醉不已。精選鮮櫻桃，以色紫紅者為上品，去蒂，洗淨，俟其晾乾，置於玻璃瓶中，以手搗碎，加入低度米酒，密封，浸泡一周即可取用。櫻桃富含維生素C、蛋白質、糖、磷、胡蘿蔔素等營養素，被譽為「生命之果」，櫻桃酒健脾和胃，益氣祛濕，還有美容養顏之功效，尤適合女士淺酌。杯子薄而滑，酒色雅而豔，舉杯邀夜色，風姿何翩翩。優雅的酒紅色，在杯中，在唇邊，在雙頰，淺飲著櫻桃香的女子，就叫一個千嬌百媚。

櫻桃性熱味甘，吃法多多，李時珍《本草綱目》：「鹽藏、蜜煎皆可，或同蜜搗作糕食，唐人以酪薦食之。」清人顧仲的《養小錄》[註2]保存著櫻桃脯的製作之法。鮮櫻桃去蒂除核，清水洗塵，沸水預煮，冷卻後放入缸內糖漬，一層櫻桃又一層白糖，碼實，糖漬半日倒入鍋中煮沸，複糖漬。顧仲主張以炭火烘焙糖煮的櫻桃，能生出一種深情的紅。我們可將其鋪在曬床上，置於夏天的熱烈氛圍之中，讓它的甜味更結實。櫻桃脯是一種適於回憶的美食，口感軟而微韌，味道酸而回甘，細嚼慢嚥之間，一種情意油然而生，那是對舊日櫻桃的一種深厚而綿長的情意。

立夏
櫻桃的歌聲

櫻桃酒

食材

櫻桃……適量
白酒……適量
冰糖……適量

作法

一、用乾淨容器，將冰糖、櫻桃放入後，倒入白酒密封。

二、隨後放入冰箱冷藏一週，即可飲用。

立夏
櫻桃的歌聲

綠豆西谷米

食材

綠豆……60 克
西谷米（西米露）
冰糖……適量

作法

一、綠豆先洗淨，浸泡約二十分鐘後，瀝乾備用。

二、取陶鍋加適量水，放入綠豆燉煮。

三、待綠豆脫殼後撈起，最後放入西谷米，熟透後調味即成。

立夏
櫻桃的歌聲

綠豆薏仁湯

食材

綠豆……60 克
薏仁……60 克
冰糖……適量

作法

一、綠豆、薏仁洗淨，浸泡數小時後，瀝乾備用。

二、放入陶鍋加適量清水，熬煮熟爛後，調味即成。

立夏
櫻桃的歌聲

苦瓜排骨盅

食材

排骨……200 克
苦瓜……1 顆
薑片……適量
海鹽……適量

作法

一、排骨洗淨川燙，備用。

二、苦瓜去籽切塊，備用。

三、取陶鍋加適量水，放入所有食材，熬煮一小時待熟爛後，調味即成。

註1 赤玉妝盈村，紅珠摘滿筐

這是描寫洛陽「櫻桃溝」的著名詩句。櫻桃溝位於洛陽市區西北八公里處，以品種繁多的櫻桃而聞名，每年四月櫻桃盛產之時，就成了遊客必訪之地。

清高宗乾隆七年，洛陽知縣龔松林，來到櫻桃溝遊覽風光，喜不自禁，便作詩《遊櫻桃溝》：「雨飛新綠嫩，風動野花香。赤玉妝盈村，紅珠摘滿筐。」讚美當地的迷人景色，也成了流傳百世的佳句。

註2 《養小錄》（本書原註）

清朝顧仲編著的飲食著作。顧仲，浙江嘉興人，字咸山，好松壑。《養小錄》共三卷，分「飲之屬」、「醬之屬」、「餌之屬」、「蔬之屬」、「餐芳譜」、「果之屬」、「嘉餚篇」七部分，曾經是一本頗有影響力的飲食著作。

小滿

〈歸田園四時樂春夏兩首（其二）〉宋．歐陽修

南風原頭吹百草，草木叢深茅舍小。
麥穗初齊稚子嬌，桑葉正肥蠶食飽。
老翁但喜歲年熟，餉婦安知時節好。
野棠梨密啼晚鶯，海石榴紅囀山鳥。
田家此樂知者誰？我獨知之歸不早。
乞身當及強健時，顧我蹉跎已衰老。

小滿，豌豆鮮

小滿見三鮮，是我們這裡的習俗。小滿這天，慷慨的大地要擺一桌三鮮宴，隆重慶祝小滿這一盛大的節日。王母只道蟠桃[註3]鮮，哪曉人間有盛宴。豌豆、小麥、櫻桃，這些天生地長的植物，一起用綠葉嫩果向盛大的夏天致意。

小滿時節，小麥芒纖纖葉青青籽嫩嫩，豐收在望，一穗青麥的清甜爽鮮，啟動人們的味蕾，舌尖即刻提煉出一個金黃而飽滿的夢。「我行其野，芃芃其麥」（《詩經．鄘風》），麥穗初齊，沃野千里，盡是農耕文明的天堂美景。櫻桃色豔味甜，唇齒輕觸紅玉，舌床上就流著一條甘露的河。櫻桃好吃，「羞以含桃，先薦寢廟」（東漢．崔寔《四民月令》[註4]），心懷敬畏，以大地的饋贈供神享先，實乃人類古老而樸素的生存之道。

至於青綠鮮嫩的豌豆，它在小滿時節出現，其意義自然非同一般。豌是豆苗，柔弱彎彎，豆是嫩果，其色青青。豆在豌上生，豌豆有著骨肉相連的親情之美和孕育之息。它是一種信守承諾的植物，知時節，順應自然，豌豆鮮綠圓潤，時令正小滿。它是小滿的，吃在嘴裡，內心滿滿當當地塞實了一個信任，對節氣和土地的信任。

◈莖葉

小滿的當令蔬食，首推豌豆[註5]。綠嫩嫩的小麥長大了才叫糧食，才能蒸成白花花的饅頭。

櫻桃晶瑩美麗，如凝脂，似珠玉，其味甜中含酸，更適於回味和想像，仿佛一次美麗的相遇。唯有豌豆，可作時蔬，亦可為飯食。豌豆莢長橢圓形，如美人指一般長，且有肉感，比麥穗略短；其果圓球形，有些櫻桃的樣子，果肉腴嫩，不輸櫻桃。

還是古人有眼光，細端詳，豌豆莢形如眉目，入夏食豌豆，有祈禱眼睛清澈無疾之人間美意，由此演變為民間的一種飲食文化。美眉之媚得益於豌豆之形，廣告語自古就有，它出自《詩經》：「巧笑倩兮，美目盼兮。」食豌豆美目祛眼疾一說，有今日之科學做支撐：豌豆富含維生素A。鹽水豌豆益中平氣，減肥瘦身。把鮮豌豆置於淡鹽水裡浸泡一會，入鍋，加茴香蔥姜清水，武火煮沸，轉文火慢燉，煮熟即可食用，味道鮮甜酥軟之中帶有香辣，口感層次極為豐富。

美眉們守著一個好身段和一盤鮮豌豆，輕啟櫻桃小口，可心地品味著鮮嫩，眼睛卻伸出長長的豌豆蔓，曲曲折折地牽動著鄉野上那一叢叢青綠，真可謂良辰美景四月天，賞心美食豌豆鮮。

豌豆是鄉野的，豆科一年生草本植物。種豆得豆，是植物給予農民的堅實承諾。豌豆的鮮，與北方的氣質有關。春二月播種，凍土都讓綿綿細雨給潤酥了，地氣上升，豌豆生枝發葉，羽狀複葉，是對北方光照充足的一種深情回應。豌豆到四葉期，清香鮮嫩，是有名的豌豆苗。這可是餵養過新文化運動先驅者魯迅先生的豌豆苗呀。

魯家有兩個女傭，均是老嫗，買米下廚都是許廣平一個人在做，不一會，她就端上三碗菜：

一碗素炒豌豆苗，一碗筍炒鹹菜，再一碗黃花魚。素炒如同作文，但求一個真味，莫讓葷腥奪了它的香鮮。熱油起鍋，投入拍松的大蒜，爆香，切好的豌豆苗下鍋，速炒，頃刻變軟，銀勺舀少許鹽，攪拌，但聞叮噹幾聲脆響，綠翡翠上了白玉盤。整個過程一氣呵成，如行雲流水一般，一盤美味新鮮出爐，個中三昧，魯迅先生自是深知。

豌豆清鮮腴嫩，讓人齒頰留香，它的嫩莖葉味道一定錯不了。信任植物，是古代生活的基本。「廚人進藿茹，有酒不盈杯」（西晉·傅玄〈雜詩〉），一杯酒，一首詩，一口豌豆苗菜湯，到底哪一種更醉人，哪一種更讓人回味無窮。詩人品啖藿茹，咀嚼詩味，一詠三歎，詠歎的是美食，是生活，這叫美食文化。

三鮮宴，翡翠湯，美食加美辭，更有文化氣場。古往今來，中國人對「八」這個數字情有獨鍾，美食亦不例外。春色無邊，時蔬嬌嫩，南京春天的拼盤拼了「金陵春八鮮」[註6]，其中就有豌豆苗。六朝古都底蘊深厚，美食文化亦有獨特品位。他們喜食的一道菜叫糖炒豌豆苗，稱之下飯妙品。豌豆苗古稱巢菜，亦名元修菜，美食家蘇軾在詩歌裡親切地呼它「槐芽」：「彼美君家食，鋪田綠茸茸。豆莢圓且小，槐芽細而豐。」豌豆苗體態纖纖，俏麗俊雅，讓大詩人的眼睛搶了先。豌豆各地均有種植，可春播，可秋種，亦可越冬栽培。「寒豆淘淨，將蒲包趁濕包裹，春冬置炕旁近火處，夏秋不必，日以水噴之，芽出，去殼洗淨，湯焯，入茶供。芽長作菜食」（高濂《遵生八箋》），妙法妙品都在古人那裡，我們只需照著做，就好。

◈莢果

《遵生八箋》[註7]是古代的一部養生奇書，寒豆即豌豆。豌豆性平味甘，低脂高營養，富含蛋白質、各種維生素和膳食纖維，煮食時，加入花生、杏仁等富含氨基酸的食材，入口酸軟鮮香，又極有營養，與脾胃最為相宜，為飲食佳品。煮食嫩豌豆好處多多，清朝大醫王士雄在他的《隨息居飲食譜》中總結為十二字：「和中生津，止渴下氣，通乳消脹。」

豌豆碧綠養眼，清甜可口，可作配菜，有這樣一位清純少女作陪，那主菜更有精氣神，一盤秀色，甚是悅目賞心。煮大米粥，米八分熟時加入鮮豌豆，攪拌，蒸煮，青白交融，妙在清甜甜的味道在滑溜溜的道路上跑，入口即化作鮮而悠長的清香。粥是家常粥，吃了還想吃的，才叫家常粥。

豌豆青，豌豆黃。豌豆黃熟以後，可磨麵，蒸豆包，做豆腐。蒙古族喜食羊肉，族人忽必烈一統中原之後，飲膳亦有改善，元人將豌豆搗碎，去皮，與羊肉同煮，最是補中益氣。清人也去皮，除去的是白豌豆的外皮，大火蒸煮，待豌豆軟爛成糊狀，加白糖拌勻，冷卻後切塊，叫豌豆黃。豌豆是白的，糖也是白的，卻能生出奇妙的黃色來，這豌豆黃一定是人間妙品，難怪老佛爺慈禧百吃不厭。

植物之神奇，天地之厚愛，都落實在豌豆上。從莖葉到莢果，從鮮豆至黃熟，均可為蔬食。「刮鼓社」是金代演出地方小戲的民間社團，元人王哲以之為詞牌作長短句，有一首《刮鼓社》專門為豌豆敲鑼打鼓，讀來妙趣橫生，別有味道：「刮鼓社，這刮鼓食中拍。且說豌豆出來後，卻勝如大小麥。便接著、五方顏色。青紅黃黑更兼白。又同那五方標格。蒸炒煮燒生吃。蒸炒煮燒生吃。」

豌豆美，寫豌豆最美的當推南宋楊萬里的豌豆詩，其中有這麼兩句：「翠莢中排淺碧珠，甘欺崖蜜軟欺酥。」這裡有一段美食佳話，楊萬里招呼陳益之、李兼濟二主管小酌，酒至微醺，陳益之指著桌上的蠶豆說：「未有賦者。」請楊詩人即席賦詩。名篇既成，楊萬里在詩題中予以強調：「蓋豌豆也，吳人謂之蠶豆。」如今有些人，一寫蠶豆，就挪移楊詩人的豌豆詩，張冠李戴，再說下去就是指鹿為馬。

豌豆的莖柔弱彎曲，種子圓球形；蠶豆莖株直立，四棱，中空，種子扁平，略呈矩圓形。豌豆蠶豆皆名胡豆。異物同名，這在植物那裡極為普遍，再說，我們給植物起的名字，不過是人類的一種自我陶醉而已。《本草綱目》載：「豌豆種出西胡，今北土甚多。」（李時珍《本草綱目．穀三》）《太平御覽》云：「張騫使外國，得胡豆種歸。」有人據此斷定豌豆是張騫的手筆，大謬也。漢使張騫帶回的是蠶豆。豌豆在秦漢之交就有記載，《爾雅》稱它為「戎菽」。戎，西胡；菽，豆。豌豆是胡豆，它的莖蔓早在張騫之前，就順著絲路蔓延到中土，以其爽鮮腴嫩，成為初夏美食之首選。

經冬複曆春，枝枝蔓蔓，拉拉扯扯的是一連串的美味。愛豌豆的人，有眼光，一年四季都有口福。

小滿
豌豆鮮

素炒豌豆苗

食材

豌豆苗……400g
油……適量
砂糖……適量
高湯……適量

作法

一、豌豆苗洗淨瀝乾，切段備用。
二、熱鍋熱油，豌豆苗下鍋翻炒。
三、加入高湯、砂糖、鹽等調味，拌匀後起鍋。

小滿
豌豆鮮

冰糖百合蓮子飲

食材

蓮子……50 克
百合……40 克
白木耳……20 克
紅棗……15 克
冰糖……適量

作法

一、蓮子、百合、白木耳洗淨，泡發備用。
二、紅棗洗淨劃十字，加入適量清水熬燉。
三、最後調入適量椰汁或冰糖即成。

註3 蟠桃　桃的變種之一，又稱盤桃、扁桃，《西遊記》第五回：「一朝，王母娘娘設宴，大開寶閣，瑤池中做『蟠桃盛會』。」提及神話中，西王母在瑤池設的品嘗蟠桃的宴會。蟠桃含有蛋白質、脂肪、維生素和多種礦物質，鮮美營養。

註4 《四民月令》　東漢尚書崔寔模仿古時月令所著的農業著作，敘述田庄從正月到十二月中的農業活動對古時穀類、瓜菜的種植時令和栽種方法有所詳述，亦有篇章介紹當時的紡織、釀造、製藥等手工業。

註5 豌豆　豌豆是一種常見的豆類食品，圓身的又稱蜜糖豆或蜜豆，扁身的稱為青豆或荷蘭豆（Snow pea），豆莢在許多地區中作為蔬菜食用，其種子味道鮮甜，豌豆幼苗也可採摘食用，稱為「豌豆尖」，因其蔓延的形狀，它在有些地方被稱作「龍鬚菜」。

註6 金陵春八鮮　南京人石三友在《金陵野史》中，提出「春八鮮」（春季八樣當季蔬菜）：蘆蒿、菱兒菜、豌豆苗（葉）、蒜苗、春筍、蘑菇、萵苣、蠶豆。初春南京的郊外都有種植，不僅味美，而且多有藥用功效，極受南京人歡迎。

註7 《遵生八箋》　萬曆十九年（一五九一年）明朝養生家高濂所著，為養生專著，包含山川逸游、花鳥蟲魚、琴樂書畫、筆墨紙硯、文物鑑賞等，全書分八目共二十卷。

〈芒種後經旬無日不雨偶得長句〉 宋・陸游

芒種初過雨及時，紗厨睡起角巾欹。
癡雲不散常遮塔，野水無聲自入池。
綠樹晚涼鳩語鬧，畫梁晝寂燕歸遲。
閑身自喜渾無事，衣覆熏籠獨誦詩。

芒種，桑葚熟了

「七十者衣帛食肉，黎民不饑不寒」（《孟子．梁惠王上》），兩千年前，孟子的中國夢是「天下平」，說得通俗一些，就是人人衣食無憂。空談誤國，實幹興邦，孟子鼓勵百姓種桑養蠶，「五畝之宅，樹之以桑」。

先秦的五畝並不大，約合現在的一畝二分地，一種上桑樹，那面積可就大得多了。一棵五層樓高的桑樹，枝條隨意伸展，很寬敞；卵形的桑葉一層一層地鋪綠，讓人覺得，每一片闊葉上都臥著一條胖乎乎的小蠶。小滿見新繭，新衣服也不遠了。

芒種時節，桑樹掛滿一嘟嚕一嘟嚕的桑葚，甜裡含酸，酸中藏甜，那感覺就像把櫻桃草莓葡萄都含在嘴裡，相近的相連的美味都品了一個夠。

◈童年

桑葚[註8]是童年的美食。

瓜桃梨棗，誰見了誰咬。小孩子爬上別人家的桑樹，大人撞見了也不見怪，只說，小心，別摔著。小孩子也不多摘，溜下樹來，小嘴唇塗了一層黑黑的唇膏，特別可愛。樹上的桑葚飽滿圓潤，清甜若蜜，甚為爽口；樹上的孩童縱橫騰挪，敏捷猶如猿猴，手臂一伸，就摘下數顆紫紅的珠玉，樹下的男孩女童仰著頭，臉上滿是豔羨。

這採摘之樂，魯迅小時候也有別有一番體味。在童年的百草園裡，魯迅小心翼翼地躲閃著覆盆子長長的倒鉤刺，去摘取那小珊瑚珠攢成的小球，吃起來又酸又甜，「色味都比桑葚要好得遠」，單一個「遠」字，其味就叫人長久地咂摸了。百草園裡也有桑樹，比皂角樹還高大，魯迅只用一個短語——紫紅的桑葚，就一筆帶過。紅得發紫的桑葚就在高處，貪吃的小孩不覺間嘬著伸到嘴裡的一根手指，此等美味，魯迅一定不會錯過。

麥子黃時桑葚熟。桑葚的成熟如同麥子，顏色的變化體現著生命的成長。起初是青色，春天的底色；然後慢慢轉為青白，麥子軟嫩可食，桑葚堅硬如狼牙棒，其味酸澀；麥子熟了，一個比喻就夠了：大地遍野黃金。熟了的桑葚色彩斑斕豐盛，紅裡透著紫，那紫滲進豔豔的紅裡，把長圓形的果實洇成一個烏黑黑肉嘟嘟的蜜團兒。「翩彼飛鴞（xiao），集于泮林，食我桑黮，懷我好音」（《詩經．魯頌》），《詩經》裡的「黮」從黑，看上去就是一顆黑中透亮的桑果，它接納泮水之精魂，甜甘多汁，貓頭鷹食之，能去醜音。古老的泮林，那是一處改惡向善的感化院。

◈桑園

有一年芒種時節，我們一夥人去了山區的一處桑園，摘食桑葚。這個山區小鎮是桑蠶之鄉，「蜜蜂出戶櫻桃發，桑葚連村布穀啼」，古代詩人的描繪就在眼前，偏遠之地有著不被打擾的原初風景。

我們一進入桑園，就集體返回了童年。東邊的楊樹林裡，有灰喜鵲嘎嘎咕咕地叫著。我們就如灰喜鵲一般啄啄這株，瞧瞧那棵，被一樹一樹的桑葚吸引著，青的靜雅，紅的嫵媚，紫的深沉，一個個如此美麗動人又脈脈含情。摘一個紅豔豔的酸酸牙，又叼一顆黑黝黝的甜甜嘴，一時唇舌大動。紫黑的桑葚一碰即可落在手心，這真是果熟蒂落。

我從地上撿了幾顆，連同果蒂徑送口中，熟落的桑葚酥軟甘甜，如食果粥，入口即化。桑園主人說，已從浙江引種新品種，明年就能結果，桑葚就像穀穗那麼長，說得我們滿嘴涎水，卻又不能像兒時那樣流成明晃晃的一條線，只有傻笑的份兒。

春天大地回暖，桑樹抽枝發芽；初夏氣溫升高，桑果由紅轉紫。桑葚熟悉土地、節令與太陽的性情，遵從自然的秩序，就像大地上的每一天，東方既白，紅日上升，日落桑榆紫雲生，枝青葉綠果紅麥黃，全都落入黑夜的器皿，歸一個叫「夢」的地方保管著。如此有季節感的植物，也與季節達成完美的契合。

芒種時節，溫高濕重，汗易外泄，飲食以輕清甜淡之物為宜。桑葚味甘酸，性微寒，有補肝益腎、生津止渴、益氣祛濕、烏髮明目之功效。芒種桑葚熟，它就像一個精細的螺母，從小滿趕到芒種，安裝在肝腎等器官上，讓我們的身體堅固得百病不侵。

◈吃食

芒種是一個古老的節氣，節和氣也是人類飲食起居的基本原則。

節是調節，譬如芒種時節萬物茂盛，陽氣旺盛，在古代，夜晚亦是門閭大開，以助陽氣發散。「氣」，古漢字的獨特結構強化著時令飲食之於人體的重要，飯食不進補，人哪還有氣？作為芒種節氣最佳時令飲食，桑葚鮮食以紫黑者為補益上品。鮮葚可涼拌，黃瓜切薄片，草莓切為心形的兩瓣，加入白糖拌勻，大紅大紫的果蔬，配以綠色的佈景，演繹著一出桑果成長記。

夏季濕熱，易耗氣傷津，而桑葚之汁是上好的養陰潤燥除煩解暑之品。桑葚洗淨，置於菜盆中，用蒜槌搗爛成泥，取一乾淨紗布，包緊果泥，絞汁。這從桑之精英提煉出的瓊漿，十分的甘甜和滋潤，久服可養心益智，美容養顏。加冰糖熬汁亦非常簡便。將桑葚和冰糖投入沸水中，文火慢熬至冰糖溶化即可，其味酸甜爽口。

夏日的午後，一杯安靜得有些沉鬱的紫，看上去像乾紅，一沾唇似香茗，尤其適合女性飲用。《四民月令》云：「四月宜飲桑葚酒，能理百種風熱。」醫者李時珍說話更有針對性：「搗汁飲，解中酒毒。釀酒服，利水氣消腫。」（《本草綱目．木三》）釀酒方法極為簡單，把桑葚汁倒入低度白酒，攪勻，封存，讓酸甜的果汁和濃烈的酒水彼此講和，結成一家人，其味甜軟醇厚，很像那種把日子過老的美好婚姻。還有一款吃法很對老年人的脾胃，叫桑葚粥，可補益強壯，延緩衰老。取等量的桑葚、糯米熬粥，吃時加糖，口感軟糯清甜，叫人食欲大增。

「人間無限事，不厭是桑麻」（宋．戴表元《苕溪》）。植物有六億年的傳奇經歷，大約兩萬多年前，樹木以大量落葉的方式，減少水分蒸騰，在天寒地凍的季節活下去，創造了生命的奇跡。七千年前，作為落葉樹木，桑樹一遇見蠶，它的生長就開始助推起中華文明的形成。繅絲製衣，穿上衣服的文明人在城之南，在河之東，鋤草耘地，採桑養蠶。有一美麗的採桑女，叫羅敷：「羅敷喜蠶桑，採桑城南隅。青絲為籠系，桂枝為籠鉤。」（漢樂府《陌上桑》）有一著名的詞牌，叫〈採桑子〉：「吳蠶孕金蛾，吳娘中夜起。明朝南陌頭，採桑鬢不理。」（楊維楨〈採桑子〉）

芒種
桑葚熟了

桑椹果醬

食材

桑椹……1000g
白糖……400g
檸檬……約半顆

作法

一、桑椹洗淨、去掉蒂頭瀝乾，備用。
二、將桑椹放入果汁機稍微打一下（若喜歡吃到顆粒的口感就不要打太細）。
三、將桑椹、糖、適量檸檬汁放入鍋中熬煮，邊煮邊將浮沫撈除，約九十分鐘（小心燙）。
四、煮到喜歡的濃稠度既可關火，放涼裝瓶。

芒種
桑葚熟了

桑椹粥

食材

桑椹乾……100g
梗米……25g
砂糖……適量

作法

一、桑椹乾泡水、洗淨去蒂。
二、梗米洗淨備用。
三、將食材放入電鍋中，以「煮粥」功能烹煮，完成後拌入砂糖調味即可。

註8 桑葚

桑葚中含有多種功能性成分，如蘆丁、花青素、白黎蘆醇等，具有良好的防癌、抗衰老、抗潰瘍、抗病毒等作用。未成熟時為綠色，逐漸成長變為白色、紅色，成熟後為紫紅色或紫黑色，味酸甜。《本草新編》有「紫者為第一，紅者次之，青則不可用」的記載。

夏至

〈夏至避暑北池〉　唐・韋應物

晝晷已雲極，宵漏自此長。未及施政教，所憂變炎涼。
公門日多暇，是月農稍忙。高居念田里，苦熱安可當。
亭午息羣物，獨遊愛方塘。門閉陰寂寂，城高樹蒼蒼。
綠筠尚含粉，圓荷始散芳。於焉灑煩抱，可以對華觴。

夏至，番茄的狂歡節

節氣屆夏至，生活在北半球的人們迎來一年中白晝最長的一天。

冬至餛飩夏至麵，我們家鄉夏至吃打滷麵。滷子，是用時蔬烹炒的湯羹，也叫澆頭，而且這滷子通常是一鍋番茄雞蛋湯。

◈拌麵

夏至麵搭配番茄雞蛋滷，堪稱精妙至極。麵是自家擀的新麵，蔬是剛摘下的鮮果，這叫雙鮮。圓溜溜的番茄就像夏至的太陽，紅豔豔水潤潤的，看一眼就讓人怦然心動。

去蒂，豎切大塊，橫切薄片，把番茄切成新月形。熱油起鍋，蔥末薑絲爆香，刺啦一聲，投入番茄熱炒，炒至色紅汁稠，敲碎兩枚雞蛋，翻炒，加水，放鹽，蓋鍋煮沸，二度濃稠的湯汁紅黃相間，雞蛋的爽滑腴嫩和番茄的酸甜清鮮相契合，舀一小湯匙倒入嘴裡，舌頭貪婪，都不捨得下嚥。這濃釅的一鍋湯羹看上去紅紅火火的，而長長的麵就像夏至太陽的光線，把白晝拉長了，把美味拉長了，有一種天長地久的味道。

在我們家鄉，一般大鍋煮長麵，麵條煮熟以後，在冷水裡涮一下，更顯柔韌，叫過水麵；小鍋烹鮮滷，吃時小碗飯大碗盛，澆上滷子，柔韌清鮮一碗端，特有嚼頭。偷偷懶也可，用半鍋柿子湯下麵，待麵條用筷子一夾即斷，盛出。這種懶漢作法，卻使湯味完完全全融入麵裡，吃麵能吃出意想不到的肉的味道，潤腴香鮮，這叫一家親。有的人家作法更為精細，把雞蛋打散，加鹽，旺火熱油烹煎，鍋鏟炒散，既鮮嫩又入味。雞蛋盛出，鍋內留油，翻炒番茄，番茄遇熱滿是柔情蜜汁之時，倒入嫩黃的雞蛋散塊，加水，開鍋即可。

如果只是把番茄雞蛋炒勻，出鍋前澱粉勾芡，鍋底一汪濃汁得了芡粉的鼓舞，便往番茄上貼，再貼一層紅潤，再潤一些鮮美。這道菜叫番茄炒雞蛋，很普通的家常菜，卻是夏至時節的當令美食。番茄富含葡萄糖、果糖和有機酸，有生津止渴健胃消食之功效。番茄雞蛋湯，番茄炒雞蛋，怎麼做都是美味，都讓人食欲大增，讓苦夏成為一個傳說，美食轉化為一種酶，參與人在炎炎夏日的所有生命活動。

美食也講一個境界。同在一鍋湯汁裡，番茄紅亮亮，炒雞蛋嫩黃黃，物物相悅，這是一種融合。炒食時勾芡，時果之豔與鮮蛋之嫩相吸，活色又生香，且營養素互補，是更高的融合。而白糖與番茄的遇合，更像一種美好的愛情，此中真味，讓人沉醉。

◈愛情果

番茄[註9]又名愛情果，也叫情人果。

十六世紀，英國公爵俄羅達裡在南美洲旅行，為番茄的嬌豔嫵媚所傾倒，帶回一顆獻給他的情人伊莉莎白女王。番茄那時叫狼桃，疑為毒果，無人敢食。十八世紀時，義大利人努力馴化這種如櫻桃一般大的小紅果，再度重返英國、美洲的時候，已是十分的性感，如豐乳似肥臀，被譽為「蔬菜皇后」。

想當年，英國女王沐浴著愛情果聖潔的光芒，該是眉目生春雙頰飛紅吧。番茄含番茄紅素，醫學上說這種天然色素具有抗氧化、抑制突變、降低核酸損傷、減少心血管疾病等多種功能。喜食番茄的人如同經歷一場天長地久的愛情，臉上始終洋溢著幸福的紅潤。有愛美的女子取番茄的紅汁，加入白糖攪勻，以其敷面，面部皮膚尤為細膩水潤，粉嫩的小臉蛋兒似乎吹彈即破。

我的女兒飲食喜酸嗜甜，吃水餃必先洗了手，抓了水餃在醋碗裡浸一會，一口一個，連吃二三十個方才甘休。糖拌番茄作法簡單，味道酸甜爽口，女兒甚是喜食。把番茄切成橘子瓣大小，加白糖拌和，吃完鮮果，尚有桃花溪水一潭，女兒就湊上去，一口氣喝了個小臉通紅。番茄之精華盡在果汁之中，富含蘋果酸、檸檬酸等有機酸，清熱止渴，斂汗生津，實為上佳的夏季消暑飲品。

夏季高溫濕重，出汗多，易傷陰。「暑為夏之主氣」，喝番茄湯可防暑清熱，健脾養胃。作法同樣簡單，番茄切片，加糖，煮沸熬湯，熱飲。還有一種吃法和我女兒的吃相差不多，番茄蘸白糖，空腹吃，且是早晨，夏季易誘發高血壓，此品涼血降壓，尤其是頭暈厭食者更宜食用。

我想，白糖是懂得番茄的，它把自己祭獻給美妙的愛情，它慢慢融化的同時，番茄的內心在幸福地顫抖，清澈又迷亂，體內愛河洶湧，流瀉而出的是明媚的珊瑚色。此情此景，讓人看一眼，就是堅硬的石頭也會軟爛成泥的。糖的白如空氣，大象無形，甜的味默默又脈脈地提升著時果鮮美清純的品質。

番茄或油烹或蛋炒，均能使茄紅素和胡蘿蔔素等脂溶性營養素釋放出來，茄紅素有植物黃金之稱，抗氧化，美肌膚，延衰老，食療價值大得去啦。番茄汁是另一種吃法。在無數紅果中挑一個臉蛋圓潤面色粉紅的，觸之如溫香軟玉，仔細看，那俏臉上敷了一層淡淡的粉白，叫人情不自禁的還有果蒂處那一抹羞澀的青色，這是百裡挑一的一見鍾情。去蒂，洗淨，置於溫水裡浸泡一會，或用熱水澆燙一下，去皮，擱在乾淨的紗布上，再用手裹緊，擠壓出汁，流於白瓷碗裡，加蜂蜜少許，調勻可食，紅汁蜜水猶如一條小溪在身體裡潺潺地流，所經之處一片潔淨溫潤。番茄富含多種維生素，取汁生食不丟維生素C，對於增強人體免疫力最為有益。

如果想讓番茄長久地滋養我們的生命，貫穿悠長而寧靜的歲月，番茄醬是上好的選擇。番茄醬花樣很多，有純味的、濃香味的、酸甜味的，每種美味皆需精工細作，更依賴於選材。手感硬的不選，分量輕的不要，有棱角的不理。豐滿圓潤性感的紅果沙瓤多汁，果肉也豐腴。先洗淨熱蒸，然後去皮，捏碎，以白紗布濾籽，得其漿水，加冰糖，文火慢熬至黏稠狀，倒入少許檸檬汁，趁熱裝瓶，密封貯存，此為酸甜番茄醬。胃口重的人，可加蒜末、洋蔥、胡椒粉，與番茄肉醬一併熬煮，可得濃香之醬。番茄醬增色助鮮添酸，且不丟鮮果本味，為烹飪調味之佳品。

◈狂歡

如此美好的紅果，自然紅透一片天。在美洲，在歐洲，一年一度的「番茄狂歡節」[註10]來臨之時，人海洶湧，亂紅如雨，捏爛的番茄被投擲，擲者大呼，中者尖叫，從大街到中心廣場，瘋狂的河流彙聚成歡樂的海洋。

中國人的喜歡是不動聲色的。我們把番茄紫茄子綠豆角種在村頭的菜園裡，擁擠卻異常的安靜，熱鬧是有的，蔬果們的熱鬧是五彩斑斕、蜂飛蝶舞，仔細聽，那些響聲像是從泥土深處生長出來的，一團團一串串的聲音擠在一起，卻不嘈雜，這些不同聲部的歌者，重疊演唱著同一首田園之歌。番茄的聲音尤為動聽，它有民歌的圓潤嘹亮，就像園裡的茄子、樹上的柿子，還有西洋的美聲，似舊雨，像新知，我們親切地叫它番茄、番茄、洋柿子，給它地膜的暖房，給它搭架子，給它授花粉。遠道而來的番茄，那是鄉村之夏嫵媚又紅豔的新嫁娘。

吳伯蕭很喜歡番茄，他在《菜園小記》裡說：「青的蘿蔔，紫的茄子，紅的辣椒，又紅又黃的番茄，真是五彩斑斕，耀眼爭光。」單單這一句，吳伯蕭就做足了起承轉合，由菜青起始，歷經紫和紅，至番茄，方釋放斑斕光芒。其實，諸多美食，如番茄炒蛋、番茄沙拉，亦是斑斕耀眼，美不勝收。

番茄很像節慶的紅燈籠，又像圍桌而坐的一家人，紅紅火火，團團圓圓。從菜園到盤碗，一顆番茄紅光滿面，一鍋番茄湯幸福滿滿。把成車成堆的番茄往人的身上亂扔，在中國的農民看來，是很荒唐的事。中國人講求一個果腹。何謂果腹？就是把勞動所得的果實放到肚子裡，這樣心裡才踏實。

小時候，幾乎家家都種著番茄，夏至紅果滿枝，母親總會挑一個又大又紅的塞給我。我如獲至寶，先用牙齒輕輕叩開頂部的果肉，把嘴巴貼上去，吮吸酸酸甜甜的汁水，那些汁水一股一股地竄至舌尖，又溢滿舌床，那種感覺，就叫一個爽字了得。紅嫩肥厚的果肉吃起來又嫩又沙，特有口感。青柿子澀口，母親不讓摘的，只有成熟了才叫果實。這些年，城裡的餐館扯起綠色食品的大旗招徠顧客，花色品種不斷創新，有一道新菜叫肉片炒青柿，味道酸酸的，極為爽口，受到食客的青睞。

殊不知，未成熟的番茄含龍葵堿，多食會導致中毒，輕者頭暈嘔吐，嚴重者會危及生命。有一種冬春上市的番茄，表皮像塗了一層油漆，且有不規則的瘤狀突起，果肉也硬實，那是塑膠大棚裡錯亂了季節，催紅素如矽膠隆胸隆鼻，篡改著果實的容顏。至於近些年新上市的櫻桃番茄，無比的嬌小玲瓏，讓人驚奇不已。一個科技領先的時代，雜交嫁接，培植出番茄的縮小版，易名「聖女果」，價格高出大番茄數倍。可是，這聖女果就是十六世紀的狼桃。這場蔬菜史上嶄新的革命，說白了，是一次復古運動。

當令蔬果有陽光的味道，也有泥土的氣息，更有成熟季的獨特風味。「不時不食」，飲食當節當令，得其本味，又頤性健身，孔老夫子的這四個字，指向的是中國飲食文化的精髓。

夏至
番茄的狂歡節

鮮味五素湯

食材

南瓜……200 克
櫛瓜……2 條
花椰菜……200 克
青花菜……100 克
洋蔥……100 克
橄欖油……2 湯匙
大蒜……適量
黑胡椒……適量
海鹽……適量

作法

一、南瓜、櫛瓜削皮後切成小塊，備用。
二、花椰菜切小塊、青花菜、洋蔥切小段，備用。
三、所有食材放入鍋中燉煮，熟爛調味即成。

夏至
番茄的狂歡節

番茄炒蛋

食材

番茄……3 顆
蛋……3 顆
糖……適量
蔥……適量
番茄醬……適量
太白粉……適量
水……適量
鹽……適量

作法

一、蕃茄洗淨，切塊備用；太白粉加水備用。
二、熱油鍋，雞蛋打散後下鍋翻炒，稍微凝固成滑蛋狀即可撈起。
三、番茄下鍋翻炒至稍微出水。
四、加入滑蛋炒勻，加入糖、番茄醬、鹽等調味料拌勻，加入太白粉水勾芡。
五、最後加入蔥末即可。

夏至
番茄的狂歡節

糖拌番茄

食材

番茄……2 顆
白糖……適量

作法

一、番茄切塊，撒上白糖後拌勻即成。
二、也可以冷藏後食用，別有風味。

夏至
番茄的狂歡節

蜂蜜番茄汁

食材

小番茄……數 10 顆
水……適量
蜂蜜……適量

作法

一、番茄去蒂，切丁備用。
二、將蕃茄放入果汁機中，加水與蜂蜜調味，打成汁即可。

說四季

註9 番茄

原產於中美洲和南美洲，中國大陸也稱為西紅柿、洋柿子，是茄科番茄屬的一種植物。現作為食用蔬菜已被全球性廣泛種植，同時具醫療效用。品種眾多，果實多為紅色，也有橙、黃、綠、紫、粉紅、白色，甚至還有帶彩色條紋。大小尺寸從櫻桃般的小番茄，大到直徑有十幾公分的牛排番茄，型態多樣。番茄內含有抗氧化物番茄紅素，能預防前列腺癌以及抵抗皮膚被紫外線曬傷，加熱烹煮後效果更佳。

註10 番茄狂歡節

又稱番茄大戰，起源於一九四五年，西班牙巴倫西亞自治區布尼奧爾鎮，在每年八月的最後一個星期三舉行的節日，也稱作西紅柿戰。參與者從世界各地趕來，在大街上投擲超過一百噸番茄。經過七十年的發展，它已經成為布尼奧爾鎮牢固的傳統和城市特色。

小暑

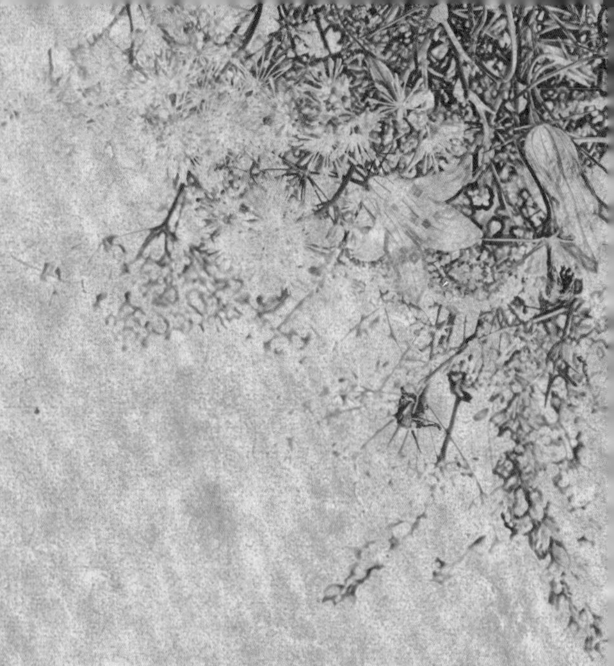

〈小暑六月節〉唐・元稹

倏忽溫風至，因循小暑來。
竹喧先覺雨，山暗已聞雷。
戶牖深青靄，階庭長綠苔。
鷹鸇新習學，蟋蟀莫相催。

小暑，味蕾上的清爽

小暑

暑的本意是天熱如煮。暑熱分大小，陰曆六月初為小暑。小暑有三候，尤其耐人尋味：「一候溫風至，二候蟋蟀居宇，三候鷹始鷙」。

熱風至，氣溫一高，「七月在野，八月在宇」（《詩經．七月》），蟋蟀由田野跑到屋簷牆角納涼，老鷹則飛至清涼的高空，多讀幾遍，你會發現，這不僅僅是物候現象，而是關於人的活動的一種引領。

◈納涼

動物的祛暑納涼喚起古代人對深山竹林、流泉涼風的親近，對暑天生活和生存環境的深深沉浸。

「眼前無長物，窗下有清風。散熱由心靜，涼生為室空」（白居易〈消暑〉），一縷清風，讓一樹的葉神采飛揚，也讓靜坐室內的詩人詩思鮮活，寫下一紙涼意。

這時節，池塘水光瀲灩，與陽光最相得益彰，宋人陳與義和他的太學同僚遊於葆真池，「明波影千柳，紺屋朝萬荷。物新感節移，意定覺景多」，一個小池容納的是千柳萬荷，是大地的身體，是一個詩人對自然變化的出色關注。另一位宋朝詩人洪諮夔暑夏時節穿過寬寬的稻田、長長的綠蔭，目睹了人與大地共適之美景：「漲落平溪水見沙，綠陰兩岸市人家。」伴隨暑天而來的還有各色美食，當令美食講究的是一個時鮮，要沾著泥巴兒，滴著露珠兒，溢著香味兒。

小暑時節，烈日炎炎，暑氣重重，小池綠蔭自是消夏之勝地，美食進補亦為消暑之妙方。小暑飲食宜清淡，一些粥或湯，譬如綠豆百合粥、南瓜綠豆湯，均有消暑止渴、生津益氣之功效，尤為適合暑天食用。涼風吹吹，香味飄飄，此樂何極：「夕陽場圃樹蔭涼，麥豉瓜薑豆粥香。人坐晚餐牛吃草，蚊煙影裡說家常。」（王子彥〈夏夕〉）

古人納涼，更喜一杯冷飲相佐，可用薄荷、菊花、銀花等中草藥煎泡，亦可取山楂、酸梅、雪梨諸蔬果之汁。暑期炎熱，冷飲上口冰涼，喝下去如涼風鼓蕩，整個人亦是神清氣爽。「櫻桃已過茶香減，銅碗聲聲喚賣冰」（清．王漁洋〈都門竹枝詞〉），這裡的冰非冰糕，而是冰梅湯，酸甜可口，涼沁心脾，暑氣重重，賣冰之聲清脆如鳥鳴，其來處該是蔽日之濃蔭吧。

◈ 麵條

熱食涼吃亦為避暑佳品。民間有小暑「食新」[註11]的習俗。

新麥收獲，家家吃麵，麵條和白晝的光線一樣長，和幸福的生活一樣長。南方人多食陽春麵、菜熬麵、肉絲麵、油渣麵、三鮮麵，北方的主打麵食則是打滷麵和炸醬麵。這些麵食都叫冷麵，俗稱過水麵。冷麵熱量低，纖維高，入口冰涼清爽，嚼著柔滑筋道，很有嚼頭，有講究的人家用新汲的井水涮麵，甚至還有更柔韌清鮮的口感層次出來。夏食冷麵，是飲食的智慧，體現著人們在生活細節上對苦夏所做出的從容不迫的應對。

麵條補虛損、益脾胃、避暑氣。用新麥麵擀出的麵條，吃起來最有味道，有汗水的印痕，有田野的芳香，耕種與收穫都在一碗麵裡。這碗麵叫家常麵，也叫手擀麵，讓人百吃不厭。溫水和麵，軟硬合度，擱在麵盆裡，覆以蓋墊，讓麵醒一會兒。取拳頭大的一塊麵團，在案板上揉搓均勻，用擀杖擀成餅狀，麵餅將擀杖緊緊裹住，擀杖則把麵餅用力向外推捲，展開，撒撲麵少許，再次裹緊，推捲，直至麵片薄如柳葉。

麵片層層折疊成橫的長條，豎刀細切，切好後，用手抖散，攤開，麵條又細又長，還簌簌地落著白的撲粉，煞是好看。擀麵的樂趣在那一捲一推之間，吃時一吸一嚼亦是韻味悠長。擀麵是雲捲雲舒，吃麵是細流涓涓，各臻其趣。如果想讓麵條更有魅力，可用雞蛋液和麵，吃起來滿嘴香鮮，這款雞蛋手擀麵心慈面善，有著內裡的美德的芳香。還有一款更有看相，通體窈窕，一襲綠裙尤為動人，叫綠麵條。榨取野菜鮮果時蔬的汁液，以其和麵，這些莖葉花果性味或溫或涼，口感腴嫩，且清熱解毒健胃養脾，綠的汁把長的麵都變成一根根柔韌的細莖，盛在瓷碗裡的分明是莽莽蒼蒼的綠野。

漢朝人所食的湯餅是水煮麵片，類似於刀切麵。魏晉時，擀麵杖的出現，讓麵條出落得柔細滑膩。隋唐人喜食冷麵，不懈地探求更為豐富的口感層次。

「青青高槐葉，采掇付中廚。新麵來近市，汁滓宛相俱。入鼎資過熟，加餐愁欲無。碧鮮俱照箸，香飯兼苞蘆。經齒冷於雪，勸人投此珠」，杜甫描述的槐葉冷淘麵就是綠麵條，槐葉搗汁和麵，擀切煮撈，瀝水，加熟油拌勻，置於冰窖或深井冷藏，俟食時取出，其味妙不可言。

◈饅頭

新出鍋的饅頭又白又暄，個個碩大如搪瓷大碗，還呼呼冒著熱氣，一口咬下去，就有一股麥香在口腔裡打著旋兒，一嚼一咽之間，甚是鬆軟香甜。

蒸新麥饅頭，需溫水和麵，揉勻，把麵的韌性都給揉出來，包水餃擀麵條烙火燒蒸饅頭，要的都是手感細膩，軟硬合度，且黃白相融，最有糧食的本色，不像現在的麵食，白花花的叫人眼發暈心發慌，疑是粉刷了一層雪白的塗料。各色麵食，製法不同，形狀有別，以新麥饅頭最為壯觀。和麵時加入老麵，最好頭一天發麵，可以發得透，以次日麵團內生出均勻的蜂窩狀小孔為最佳，拽一塊麵團，揉成一條長長的滑溜溜的麵扁擔，再均勻分成小孩拳頭一般大小，叫劑子，然後逐個揉得底平頂圓。

揉麵很費功夫，雙手抱住劑子，上上下下地揉，揉出一個光滑，揉出一個細膩，再往中間團，團成上半圓下圓柱的高樁饅頭，看上去很有糧囤的氣場。逐個在蓋墊上放好，其上蓋一塊籠布，讓它們睡上半天，等掀開籠布時，它們個個發育得又白又胖，下鍋蒸煮時，先把籠布弄濕，鋪在箅子上，再把高樁饅頭一個個地請進來，留出足夠的空隙，熱蒸半個小時，用手指輕按饅頭，小麵窩隨即平復如初，即可關火，取食。

不過，新麥饅頭是供品，要先請故去的親人品嘗，請他們真切地感受豐收的喜悅。用新麥祭祖，在我們家鄉叫「上新麥子墳」，一般選在農曆六月六，提前幾天亦可，不但放上十二個大饅頭，還要煎炸烹炒四個好菜，以時蔬為主，如香菜小炒、肉炒扁豆、韭菜煎蛋，外加一個油炸小黃魚，饅頭五個一組擺放，剩下兩個壓箢子底[註12]，恰逢瓜果的成熟季，麥黃杏、甜蘋果一併敬奉，豐收和感恩都在這裡了，讓人看一眼，就眼窩發燙，熱淚骨碌碌地滾下來，打濕一抔黃土。

農田的、菜地的、果園的，該收的都收了，該長的正沐浴著火熱的陽光。這豐收的喜悅，必將隨著玉米的長勢而蔓延得無邊無際。這就是小暑。頭頂上烈日灼灼，樹蔭下清風縷縷；田野裡禾苗瘋長，鍋碗裡蔬飯飄香。在這聚攏勤勞、豐收和感激的節氣裡生活，對著熱乎乎的陽光咬一口，細細地嚼，就會嘗到汗滴的味道，麥香的味道，喜悅的味道。

小暑
味蕾上的清爽

絲瓜麵線

食材

絲瓜……50 克
金針菇……30 克
麵線……40 克
雞蛋……1 顆
海鹽……適量

作法

一、先將雞蛋炒成蛋花（煎蛋），備用。
二、絲瓜去皮切小塊，金針菇洗淨，備用。
三、取陶鍋加適量水，放入絲瓜、金針菇熬煮，待熟透後，放入麵線和蛋花，最後調味即成。

小暑
味蕾上的清爽

南瓜綠豆湯

食材

南瓜……600g
綠豆……60g
鹽……適量
糖……適量

作法

一、綠豆、南瓜洗淨，南瓜去皮切小塊備用。
二、湯鍋加水，加入綠豆，開大火，待綠豆皮烈開時加入南瓜。
三、水煮沸後轉小火，繼續煮約二十分鐘。
四、材料煮至軟爛時加入鹽、糖調味，關火即可。

註11 食新：將最新鮮的麵粉蒸成饅頭等吃食，獻給祖先。

註12 箢：又稱箢箕，類似現今的簸箕，用竹篾、臘子木、藤條等編織而成的用具，可盛物，也可作為衡器。

大暑

〈和王定國二首一〉　宋・晁補之

可憐好月如好人，我欲招之入窗戶。
人言明日當大暑，君看繁星如萬炷。
想君映月讀書時，清似列仙臞不肥。
我正甘眠愁日出，朝騎一馬暮還歸。

大暑，水果的美好「食」光

從字形上看，「暑」是一輪太陽當空照。「春雨驚春清谷天，夏滿芒夏暑相連」，從小暑到大暑，是太陽熱烈而綿長的情意眷顧著大地，大地上的蔬菜水果有著銜接連貫的人間味道。

陰曆六月中為大暑。大暑是夏季最後一個節氣，也是一年中氣溫最高、農作物生長最快的時節。「大暑不暑，五穀不起」，古老的農諺表達著農民在暑熱中獲得的對農業生產的理解，不經歷酷暑，怎麼見果實。

◈桃

果實與太陽的角力，生成著一個夏天的飽滿壯觀。就說六月鮮吧，桃的一種。它像女子，有著流鶯迷醉蝶舞翩躚的花季，其葉沃若是青春不改的容顏。

初夏的時候，那些小毛桃猶如懵懵懂懂的心事躲藏在繁枝密葉之中，果葉同色，遠遠望去，一片翠綠。可是，夏天的大太陽越來越熱情，它伸出一千隻手，多維度地為桃果設計輪廓，醞釀細節，誘發水果們創造奇蹟，從大堆的遮蔽中挺出來，挺起自己的豐滿與性感。那圓鼓鼓的鮮桃，看一眼就讓人臉紅紅心慌慌的。果面橙黃色，陽面泛著紅暈，密佈的細的柔毛閃爍著撩人的光芒。摘一顆，擦去桃毛，一口咬下去，果肉脆嫩細膩，鮮甜適口，尤其那一股柔和而平緩的香氣，流連在唇齒之間，醉了所有的味覺細胞。

應市的水果顏色鮮豔，果形飽滿，口感細緻，給人帶來的都是好心情。譬如鮮桃，團團圓圓，紅紅亮亮，喜慶而又吉祥。鮮桃有壽桃之美稱，桃肉富含蛋白質、脂肪、維生素及多種有機酸，常吃桃子真的可以延年益壽。桃有扁圓端正者，名曰蟠桃，果面披貴氣的玫瑰紅，果肉為清爽的牛乳白，那可是蟠桃會祝壽上品。「康寧新喜事，淑善舊家聲。戲采捧觴真樂事，蟠桃獻壽千春」（宋·盧炳〈臨江仙〉），有年畫《蟠桃獻壽》遍佈民間，呈現著這一風俗的久盛不衰。門前一樹桃，就像從天而降的祥瑞之物，深紅的果色與淺灰的院牆恰成對比，生成騰躍歡快的新氣象。

◈ 杏

麥黃杏亦是當令水果。「花褪殘紅青杏小」，少年的我偷食過這小小的青杏，酸酸澀澀的，嘴巴都快酸歪了。青杏青澀，那是初戀的味道；唯有黃杏，色澤溫情暖人，果肉軟嫩多汁，味道香鮮酸甜，這是美好婚姻的味道，是太陽和杏子兩情相悅的味道。

青杏反射並吸收了太陽的光線，內化為一種芳香的美質。杏園綠葉蹁躚，溪水綠意蕩漾，那綴滿枝頭的杏子，形似華燈，黃如柑橘，它照耀的是一種溫馨而甜美的鄉村生活。

生活在天明地淨桃紅柳綠的鄉村，是一種幸福，口福就是幸福的直觀體驗。春天，吃著薺菜韭菜菠菜的嫩葉兒；夏天來臨，碩果累累，舌尖上就會跳躍著鮮桃兒黃杏兒甜梨兒。莖葉花果是時光的序列，是自然的節律，引領著我們從容舒緩地生活，享受最豐盈的時令美味。水果兒汁多味美，鮮潤爽口，既清熱解暑除煩止渴，又教人食欲大增心情大好。

◈西瓜

「熱天吃西瓜，不用把藥抓」，在高溫濕熱的時節，我們總是與美滿狀的水果相逢。

一件美事圓滿了，譬如姻緣，譬如繁衍，就叫瓜熟蒂落吧。熟了的西瓜瓤色鮮紅，肉質脆嫩，口感綿如絮，甘如蜜，吃起來舌齒之間似有冰雪之聲沙沙作響，「香浮笑語牙生水，涼入衣襟骨有風」（方夔《食西瓜》），大暑吃寒瓜，怎一個美字了得？西瓜味甘性寒，又名寒瓜，屬生冷之果，止煩渴，解暑熱。這幾年暑假，我們教師都進行暑期培訓，也叫集中充電，窗外高溫如蒸籠，室內熱情似火燒，汗涔涔地聽，氣吁吁地寫，到了學習的間隙，我們幾個人就溜回辦公室，搬起浸在水桶裡的大西瓜，揮刀斫破蒼玉瓶，上牙下齒瞬即變成擦菜板，嚓嚓嚓，一陣猛啖，但覺一股涼風自舌床升起，穿過喉嚨，瀑布般跌入五臟六腑，整個人都被啟動了，神清氣爽得很。可西瓜不宜多食，「世俗以為醍醐灌頂，甘露灑心，取其一時之快，不知其傷脾助濕之害也」（《本草綱目．果五》），大醫李時珍素有行善扶危之舉，其勸誡之言也文縐縐得叫人喜歡。

人是水澆成的。大暑時節，氣候炎熱，易傷津耗氣，導致頭暈口渴，心悸胸悶，這叫疰夏、中暑。諸多水果汁有消暑益氣潤喉止渴之奇效，西瓜汁是一種，鳳梨汁又是一種。西瓜汁作法極為簡單，西瓜切皮，去籽，將瓜瓤那一團紅亮亮的霞置於白瓷碗中，以湯匙搗爛，再以紗布過濾即可。

蜂蜜或者砂糖，皆是增甜妙品，半空裡灑落少許，有畫龍點睛之美。我怕，蜜糖們遮掩了西瓜的清甜；我盼，果汁的冰爽撫慰我的味蕾。抓取一冰塊輕輕投入吧，看紅潤的霞笑微微，心中也蕩漾著無邊無際的甜蜜。鳳梨汁果香濃郁，酸甜可口，飲之清胃解渴，補脾止瀉，還能治療感冒，給發燒咳嗽的人送去一杯新鮮的鳳梨汁吧。鳳梨削皮費時一些，要像根雕一樣秀秀刀法。然後，切為一寸見方的果丁，以淡鹽水浸泡，讓時光善意地停頓一會，鳳梨酶被食鹽馴服，榨汁後口感尤為鮮嫩細膩，且有一股幽幽的香甜。西瓜汁鳳梨汁可用榨汁機取汁，擱冰塊、入冰箱均可，其味清涼甜美，為消暑絕佳冷飲。

水果汁配搭冰塊始於宋代。《詩經．七月》：「二之日鑿冰衝衝，三之日納于淩陰。」古人臘月裡鑿取冰塊，正月藏入冰窖中，窯口覆以草席，再用泥土封嚴，到酷夏時節，可作冰盤納涼，亦可製作冷食。宋人在水果汁裡加上牛奶、藥菊、冰塊等物什，調勻飲用，冰甜爽口，取名「冰酪」。南宋詩人楊萬里有詩贊曰：「似膩還成爽，才凝又欲飄；玉來盤底碎，雪到口邊消。」最美味的消暑冷飲當屬清朝的甜碗兒，品種繁多，美味無限。譬如葡萄乾鮮胡桃，先以蜂蜜浸了葡萄乾，再敲開青胡桃，去除裡面澀澀的那一層嫩皮，澆上葡萄汁，冰鎮了吃，果香繞唇，涼甜沁人。

古代冷飲價格貴得要命，像我這等窮酸文人，若在舊時，就去尋一片蔭涼，覓一泓清流，吟詩作賦以避暑，「六月清涼綠樹陰，小亭高臥滌煩襟」（陸希聲《綠雲亭》）；「奏白雪於琴瑟，朔風感而增涼」（曹植《大暑賦》），大熱天吟唱白雪歌，堪稱古人的精神勝利法。如今已跨入大冰箱時代，冰鎮水果茶、水果沙拉進行著一曲白雪歌大聯唱。

沙拉是英語 Salad 的譯音，沙拉拉，拉來了櫻桃甜橙和蘋果，拉來了雪梨香蕉和鳳梨，這麼多水果啊，齊聚白玉盤。這些水果，小的去核，大的切塊，劈頭蓋臉澆上優酪乳，去冰箱裡待一會，就一會，取出來。櫻紅梨白橙黃，那顏色美得不得了；清香酸甜冰爽，那味道美得叫人呱呱叫。吃吧，吃吧，潤肺止咳，排毒養顏，清暑化濕。水果千般好，脾胃最知曉。

醫學上認為，脾主長夏，暑必加濕。大暑飲食宜清補。時鮮蔬果斂汗祛濕，益氣健脾，讓人享受清涼一夏。熱乎乎的水果粥香甜滋潤，可果腹，可祛暑。鳳梨，也叫鳳梨，台灣人喊它旺來，當地有大暑吃鳳梨的習俗，旺來旺來的，多吉祥。這時節，鳳梨色橙黃，肉脆嫩，味香甜，與大米堪稱絕配，一碗鳳梨大米粥黃白交融，看上去潔淨溫潤，喝起來清香甘爽。將淘洗好的大米投入鍋內，加水，旺火煮沸，煮至八分爛，再投入淡鹽水浸泡過的鳳梨塊，小火慢燉一會，關火，讓鳳梨和大米多溫存一會，充分釋放果的甜，與米的香圓融，待粥面浮了一層脆薄光潔的粥油，可食。

較之果粥，水果饅頭更追求圓融的境界。香蕉饅頭，香蕉去皮，切片，以瓷勺碾壓成香蕉泥，打碎兩枚雞蛋，調勻，倒入小麥粉，酵母水如小雨，淅淅瀝瀝的，時下時停，攪拌，揉麵，發酵，蒸煮。出鍋的饅頭又黃又圓又香，很有水果的氣場，吃在嘴裡香甜無比，是香蕉和麵粉交融而成的民間情感的味道，甜蜜和美。

我們喜歡這吉祥的吃食，如同我們喜歡酷暑的太陽。它那麼嚴厲，「赤日炎炎似火燒」；又這般慈愛，用它的光和熱蒸煮出圓圓滿滿的水果，甜甜美美的水果。

大暑
水果的美好「食」光

水果粥

食材

番茄……3 顆
白米（或是燕麥）……100g
鳳梨……60g
蘋果……60g
奇異果……半顆到 1 顆
其他喜愛之水果
冰糖……適量

作法

一、白米洗淨備用。
二、各種水果洗淨切小丁備用。
三、湯鍋加水，加入白米，以大火煮沸後轉小火煮約十五分鐘。
四、加入水果丁，轉大火再次煮沸後，以小火煮至粥狀，加入冰糖調味即可。

輯三

秋之盛宴

秋天，真是一個響亮遼闊的季節。

大地把藍的天推遠，樹們又把天上的太陽拉近了。滿樹通紅的柿子，依舊保持著遠古的渾圓。想起童年的好時光，一縷炊煙爬上高高的柿樹，輕輕呼喚著誰的乳名；柿子用它最小的燈盞，照亮了低垂的屋簷。

想起柿樹下，那一個個小腦袋，向上仰望著，飽滿的果實放大了秋天的喜悅。柿樹是童年之樹，有著一種久違的親切。它是一棵多麼幸福的樹，在庭院邊，在山路旁，在視野的盡頭，挺舉著深秋的甘甜與豐滿。

立秋

〈立秋〉　　　　　　　　　宋・劉翰

乳鴉啼散玉屏空，一枕新涼一扇風。

睡起秋聲無覓處，滿階梧葉月明中。

立秋，把秋咬住

立春咬草根，叫咬春。「咬得草根斷，則百事可做」，這個咬有咬釘嚼鐵之意。春天的草根發芽生葉開花結果，到了立秋，可咬的東西可就多得去啦。西瓜可啃，水餃可吃，豬肉可嚼，立秋的咬更像是咬文嚼字，細細地品味，慢慢地哑摸[註1]，腴嫩爽鮮縈繞唇齒，還有意想不到的味道突襲而至。

咬秋和咬春都是古老的行為藝術，是人們在用身體記憶著節氣的美好，並在咬嚼中確證生活的滋味。咬秋習俗始於宋朝，最早的咬秋食物是赤小豆。

◈ 赤小豆

赤小豆為一年生草本植物，莖株纖細，長達一米，其莢果線狀圓柱形，長約一拃[註2]，細如竹筷，內裡七八枚種子圓鼓鼓的，讓整個莢果看上去更像美女修長圓潤的手指。

種子圓柱形而稍扁，色紫紅，味微甘，嚼之有豆腥氣。十成熟一成丟，赤小豆「三青二黃時即收之，可煮可炒，可作粥、飯、餛飩餡並良也」（李時珍《本草綱目》）。赤小豆，先秦時代就有栽培。《詩經》云：「黍稷稻粱，禾麻菽麥[註3]，此八穀也。」菽為眾豆之總名，漢代《神農本草經》始有「赤小豆」之命名，凸顯它緊小而赤黯的特徵。此種小豆味甘性平，可入藥，消熱毒，散惡血，除煩滿，健脾胃，東晉葛洪極為推崇：「正月元旦，面東，以齏水[註4]吞赤小豆三七枚，一年無諸疾。又七月立秋日，面西。」（《肘後方》）齏水，為醃漬鹹菜產生的黃色鹵水，其味酸鹹，性涼，可用於煎藥，亦可作湧吐劑。糧食和藥物是兩個概念，但在赤小豆這裡達成了完美的統一。

到了宋代，人們改動《肘後方》之劑，立秋日，家家煮食赤小豆，按性別分食，男吞七枚，女服二七，以涼絲絲的井水吞服，服時面西，這種獨特的食用方式，使得赤小豆在立秋日具備了非同尋常的意義，確立著一種儀式般的生活。

立秋不是秋天，它是暑熱向秋涼的一個過渡帶，猶如一條崇山峻嶺上的河流向平原低地過渡，「苦熱恨無行腳處，微涼喜到立秋時」（唐．齊己《城中晚夏思山》），煩暑未退，但體內生秋氣，赤小豆是味蕾的一次別樣體驗，是秋天的涼爽之源。「立秋日，都人戴楸葉，飲秋水、赤小豆」（周密《武林舊事》），宋人頭戴楸葉，口含赤豆，以此完成秋天的洗禮。酷熱時節，滋補味甘性涼之美食以解暑除煩生津安神，這是人們的味蕾籲求和身體需求，延續下來，對涼性食品的迷戀亦是立秋飲食的一大特徵。涼味就像一陣風，自田野的稻菽千重浪，徑直吹到人們的身體裡，讓人頓覺神清氣爽。赤小豆煮粥為美食，研末是良藥。

立秋，要有秋天的味道，人們需要輕輕咬一咬，在唇齒的蠕動之間，在井水的提醒之下，讓一股甘涼進入臟腑，而後，秋氣自丹田升起，那面西的舉止更增加著立秋習俗的節氣化和儀式化。赤小豆的物性與神性就凝聚在一咬一吞之中，它的甘涼快慰了口舌，又催生人的身體的動能，催生涼風以及生活的熱情。

立秋日，咬食赤小豆，竟年無病是內心的祈願，而這樣一場巨大的民間咬秋運動，作為糧食，赤小豆的用途已不是果腹，而是孕育一種習俗文化，引導一種精神向度。在我看來，作為迎秋的一場熱身運動，咬秋首先宣導的是一種秋季進補理念。立秋時節氣候乾燥，濕熱交蒸，進補應以潤燥止渴、益中補氣、清新安神的食物為主。赤小豆是五穀之珍珠，亦是百藥之君藥，豆的涼消解著天的熱，也敞開著人們的味覺世界，讓人食欲大增，不斷拓展著食的廣度和味的深度，熬煮赤小豆薏米粥，烹調赤小豆鯽魚湯，亦可進食蓮子百合南瓜扁豆等時令菜蔬。

其次，咬秋是人們創造力和想像力的體現。神奇的中藥方劑被改編，被普及，已演化成一種古老而別致的生活方式。又綿又沙且甜且涼的味道，為人的感官開蒙揭翳：抬頭看天，但覺涼風撲面，白露從天而降。豆的甘涼，啟動著人們對天高氣爽月朗風清的美好想像。

小豆七，是七絕的首句；小豆二七，為律詩的首聯。今年又明朝，接續下去，那就是一首音韻鏗鏘節奏明快的格律詩。豆豆圓潤，字字珠璣。咬秋的接續，形成一種飲食文化；朝代的更替，則是一種文明的百感交集。

◈瓜果

《月令七十二候集解》云：立，建始也；秋，揪也，物於此而揪斂也。立秋陽消陰長，萬物收斂，人亦收神斂氣，情收志養，以與秋氣達成和諧。「早臥早起，與雞具興」，是《黃帝內經》傳達的養收之道。古人對節氣的敏感細膩，還體現在穿戴和飲食上。「立秋日，滿街賣楸葉，婦女兒童輩，皆剪成花樣戴之。是月，瓜果梨棗方盛，京師棗有數品：靈棗、牙棗、青州棗，毫州棗」（《東京夢華錄》），楸樹之葉卵狀長圓形，形如耳環，稍加修剪成飾物，鬢影過處繞秋風。孟元老南渡之後，用他的《東京夢華錄》復原著開封這座繁華錦繡的大城。紙上之城矗立著活著的傳統，醒著的風俗。周密所言之都則是南宋都城臨安，又稱武林。詞人周密宋亡不仕，他渴望漢族傳統代代承傳，抱遺民之痛，錄故國舊聞，寫就《武林舊事》。孟元老、周密皆是憂心忡忡的書寫者，他們遠離故國，憂心前朝民風習俗時令節日被遺忘，憂心一種儀式般的生活被割裂，憂心人們的內心會變得粗糙麻木，與自然節律乃至風俗文化相脫節。他們書寫著，豎排的文字猶如一棵棵新生的小樹，在故國的樹根上抽枝吐綠，氣象蔥蘢。

節令習俗是一棵生長著的樹，枝上生小枝，小枝長新葉。到了元代，咬秋之前要先摸秋。立秋，瓜果成熟，紅蘋果、紫葡萄、黃鴨梨、綠扁豆、青黃瓜垂掛在半空，大地昇華成一個果園，到了晚上，果園即為伊甸園，各色果蔬，不分階級，不分你我，當瓜果從夜的黑裡被摸出來，摸秋的人摸到一份驚喜，咬秋的人咬著一種被群體接納的甜蜜。瓜果的甜美啟迪著人們的靈感：小孩摸到蔥，越長越聰明；如果摸的是高粱，那就個子猛躥[註5]吧，長成一個摸著天杜遷。

秋天如期而至，咬秋習俗不會隨著舊朝的滅亡而消失，「立秋之時食瓜，曰咬秋，可免腹瀉」（清．張燾《津門雜記．歲時風俗》），習俗的文化傳承，形成堅實的民間記憶，這種記憶就像一個風向標，立秋來臨，其箭頭執拗地指向天高雲淡，尾翼標注著大地的物產。

清代以來，立秋咬秋發展成一年一度的美食運動。雞鴨魚肉，瓜桃梨棗，均可啃咬。「口之於味也，有同嗜也」（《孟子．告子上》），地域和文化也影響著立秋的飲食習俗。

江南地區依然酷熱難耐，所咬之物多生冷，味多酸甜，其中江浙滬一帶立秋多啃西瓜。西瓜又名寒瓜，瓤紅肉嫩，味甜多汁，有清熱解暑除煩止渴之效。切開，細看，瓜瓤呈沙粒狀，亮晶晶水汪汪的，真有「千點紅櫻桃，一團黃水晶」的氣場，視之有清涼意，入口綿如絮，甜如飴，如品純醪，解渴又解饞。香薷飲要在立秋前一天煎煮。取香薷、白扁豆、厚朴適量，大量加水，武火蒸煮，水沸後轉文火熬煎，滾燙的香薷湯露宿一夜即為冷飲，立秋日飲之，可解表健脾，祛暑化濕。

◈貼膘

北方人立秋多食溫熱滋補之品，以貼秋膘[註6]。立秋這天，人們以懸秤稱體重，並與立夏作對比，看看自己掉了幾斤膘，然後飽餐燉肉烤肉紅燒肉，以補足體重，可謂食者有道。

鴨為肥鴨，淨重四五斤，北京烤鴨之前要填鴨，用棗木或梨木為燃料烘烤，「爛煮登盤肥且美，加之炮烙製尤工」（嚴辰《憶京都．填鴨冠寰中》），烤鴨油汪汪的，呈棗紅色，外焦裡嫩，片一塊鴨皮入口，酥脆滿嘴，香美無邊，鴨肉蘸一點蒜泥，尤為鮮香，風味殊絕。

烤鴨是一門藝術，稍有敗筆，其味就大打折扣。燉肉家家能做，將五花肉切成麻將塊一般大，投入鍋中旺火熱炒至發白，加醬油、白糖、薑片、蔥段、桂皮、茴香，鍋鏟稍加翻炒，倒水，轉小火慢燉，肉在鍋裡咕嘟咕嘟地響，香氣就一咕嚕一咕嚕地直撞人臉，讓人有一種幸福的暈眩感。立秋吃水餃亦是北地食俗。「禮之用，和為貴」，我們山東是儒家文化腹地，立秋習俗很有地域特色。取一個白瓷碗，盛滿金燦燦的小麥、黃澄澄的玉米、圓溜溜的大豆、亮晶晶的小米，供奉在堂屋中央，上插三炷香，以此感激土地和祈盼豐收。此等鄭重之事由長者完成，包水餃則是男女老少齊上陣，和和睦睦一家親。揉麵團，剁肉餡，擀麵皮，捏劑子，燒熱水，一個個都是忙碌得不得了的樣子，似乎哪個環節掉了鏈子，地球就會停止它的運轉。水餃皮薄餡嫩，味道香鮮，一家人圍著一團騰騰熱氣吃著，那情那景，讓人一輩子都忘不了。

咬秋，是用人間美食強化一種身體記憶，葉落知秋，讓人們敏銳地感知秋天的味道，使我們的生活與自然節令同步運行。如此，我們的視野才有大氣象，這種秋天所獨有的氣象，就叫天高雲淡。

立秋
把秋咬住

鷹嘴豆燉飯

食材

鷹嘴豆（雪蓮子）……80 克
粳米……50 克
馬鈴薯……20 克
青花菜……20 克
花椰菜……20 克
橄欖油……適量
蒜頭……適量
黑胡椒……適量
醬油……適量
高湯……適量
海鹽……適量

作法

一、鷹嘴豆洗淨，浸泡一晚放入電鍋蒸熟後備用。

二、馬鈴薯切小塊，取熱鍋，倒入橄欖油，放入蒜頭爆香，再放馬鈴薯、熟粳米一同拌炒，加適量高湯悶煮。

三、最後放入青花菜和花椰菜，待熟透後調味即成。

立秋
把秋咬住

蜜豆甜薯粥

食材

紅豆……150 克
紅薯……200 克
粳米……50 克
冰糖……適量

作法

一、紅豆洗淨浸泡兩小時，瀝乾備用。

二、粳米洗淨，紅薯去皮切小塊備用。

三、陶鍋中加入三百毫升水，再放入紅豆、大米。紅豆七分熟時加入紅薯塊，繼續熬煮約半小時。

四、最後調入冰糖，食材熟爛後即成。

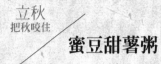

立秋
把秋咬住

薏仁紅豆糙米飯

食材

糙米……80 克
薏仁……30 克
紅豆……30 克
砂糖……適量

作法

一、糙米、薏仁、紅豆洗淨後，再用清水浸泡三小時。

二、以上食材瀝乾水分後，採煮飯模式放入電鍋蒸煮，待熟透後調味即成。

立秋
把秋咬住

紅豆紫米粥

食材

紫米……80 克
紅豆……50 克
紅糖……適量

作法

一、紫米、紅豆各浸泡一夜，瀝乾備用。

二、取陶鍋加適量水，放入所有食材，熬煮一小時，待熟爛後調味即成。

說四季

註1 咂摸
咂，舌頭與顎接觸所發出的聲音，表示讚歎或羨慕之意；摸，用手接觸或輕輕撫摩。後有用手探取、尋找、思索、尋思的衍生意思。

註2 一拃
張開大拇指和中指，兩端的距離，長約五寸，即為一拃。

註3 黍稷稻粱，禾麻菽麥
黍，黍子，禾本科黍屬的一個物種；稷，小米，禾本科的一種植物；稻，稻米，人類主要糧食作物；粱，蜀黍，禾本科一年生草本植物；禾，穀類植物的總稱；麻，一年生草本植物，可作食用、經濟作物和工業原料；菽，豆類的總稱；麥，禾本科植物，糧食作物。

註4 齏水
中藥名，醃漬鹹菜產生的黃色鹵水，氣味酸、鹹、無毒、性涼，可用於煎藥，亦可作湧吐劑。

註5 猛躥
生長力旺盛，身高大幅躍進的意思。

註6 貼秋膘
貼秋膘，源自於中國北京、河北、東北地區的傳統習俗。每年立秋這天，吃一些味道較為厚重的美食佳餚，補強酷夏所流失去的體力，以期達到補身養生之效。

處暑

〈長江兩首〉　宋・蘇泂

處暑無三日，新涼直萬金。
白頭更世事，青草印禪心。
放鶴婆娑舞，聽蛩斷續吟。
極知仁者壽，未必海之深。

處暑，食物是一種態度

處暑是暑氣的終結，更是新涼的源泉，「處暑無三日，新涼直萬金」（宋．蘇泂〈長江二首〉）。二十四節氣就像一條古老的河流，始終流動著，變化著，濁浪滾滾，碎石礫礫，處暑這邊的世界可就不一樣了，水如鏡，映照著天高雲淡月朗風清。移步換景，而其見愈奇：鷹乃祭鳥，天地始肅，禾乃登。越往前走，大地越豐盛端莊，猶如一個神聖的器皿，盛滿著五穀豐登。

說說祭鳥。《逸周書．時訓》：「處暑之日，鷹乃祭鳥。」處暑日，鷹始捕殺諸鳥，卻不敢即食，必先供祀，既祭，亦不盡食；有胎之禽不擊，世人尊之義禽。「天地秋來催祭鳥，池塘雨過鬧私蛙」（宋．王柏〈和遁澤喜雨韻二首〉），祭鳥的翅膀馱著高遠的蔚藍，清涼的蛙聲似是輕飄的雨絲，這是多麼美好的秋天，祭鳥私蛙同聲相應，秋氣秋雨意氣相投。

◈祭祖

先祭後食，鷹對祭鳥的態度，就是對自然的態度，懂得感激和節制，感激大地的賜予，並把這份賜予與神明共用，與飛禽走獸共用，最初的口腹之需已轉化為內心的感激。禮有五經，莫重於祭。祀神享先，或焚香，或獻食，這樣的一種風俗，它的影響不僅僅是一種禮儀文化的形成，更助推著人們辛勤地勞作，節制地生活。

與鷹對祭鳥的態度相同，處暑前後，人們以瓜果蔬菜雞鴨魚肉等祭品敬神祭祖，這一民間活動始於北魏，至宋代已為節日，叫「中元節」，時值農曆七月十五，俗稱七月半。中元節是田野的節日。陸遊《閒適》：「四時俱可喜，最好新秋時」。處暑之喜在於秋高氣爽，水果應市，黍稻飄香。「七月中旬，則菱芡[註7]已登，沿街吆賣」，清人富察敦崇用他的《燕京歲時記》[註8]保存了這一熱烈飽滿的節日場景。菱角皮脆肉美，可蒸煮，可熬粥；芡實呈圓球狀，尖端凸起，狀如雞頭，也叫雞頭米，有健脾益氣固腎澀精之功效。古時，菱芡均是糧食，「況資菱芡足，庶結茅茨迴。從此具扁舟，彌年逐清景」，足夠多的菱芡，讓詩人杜甫內心大悅，舟行之處，滿目清麗之景。菱芡登，田野上的莊稼亦是豐收在望，站得最高的穀穗高粱纏上了五色紙，這一株豎黃旗，那一棵束紅帶，田野即刻成了一個熱烈喜慶的所在。田間地頭擺了煎魚炒肉鮮果等祭品，一筷子魚肉撒進地裡，又一筷子炒菜夾給田神，美食被田神悅納，保佑大秋豐收。這叫「祭田神」。

處暑是小秋，鮮果熟，新米香。孟元老《東京夢華錄》[註9]：「中元前一日，即買練葉，享祀時鋪襯桌面，又買麻谷巢兒，亦是繫在桌子腳上，乃告先祖秋成之意」。小秋，向先祖彙報秋成不必面面俱到，雞鴨魚肉時蔬鮮果，外加一壺米酒即可，還要手持麻穀至田埂，以此「薦新」[註10]，請先祖嘗新品鮮，所以中元節又叫「孝親節」。若是中元節在處暑之後，則處暑即為社日，家家擺祭品，燃香燭，以迎接先祖回家探望子孫，享用祭品。《說文解字》：「祭，祀也，從示，以手持肉也。」古人煎炸烹炒，講究一個色香味俱佳，以此打動神明，求神賜福。處暑祭品亦是美食，既有生動的形式，又有精彩的內容。

◈蓋澆飯

與田野的五色旗相呼應，米飯上澆以胡蘿蔔、柿子椒、雞蛋、木耳、藕等五種顏色的美味菜餚，做成的蓋澆飯很有豐收氣象，口感層次更為豐富。五色俱全，五味俱佳，且五色代表五行，皆有華美吉祥之徵象，五色蓋澆飯為中元節經典祭品。

古時，蓋澆飯是有名的美食，「編縷卵脂，蓋飯表面，雜味」，唐僕射韋巨源在舉辦燒尾宴請唐中宗時，特備一款「禦黃王母飯」，以肉絲雞蛋做澆頭，蓋在蒸熟的米飯上，即成。這王母飯名字有內涵，飯菜有品相，有著咀嚼不盡的韻味。神龍燒尾，直上青雲。未幾，韋僕射官拜尚書令、同中書門下三品。

如今，蓋澆飯已是家家皆能烹製人人皆可享受之尋常蔬食，做法也簡單。煮米飯和做澆頭如同男耕女織，各忙各的活兒，最終在一隻碗裡相遇。大米洗淨，文火燜煮之時，可將各種食材洗淨，香蔥切段，萵筍切片，胡蘿蔔切絲，水發木耳切小塊，五花肉切細丁。熱油起鍋，先撒蔥段爆香，再添肉丁翻炒，然後放進萵筍、木耳、胡蘿蔔，調入醬油、精鹽，旺火炒勻，加肉湯煮沸即可。澆頭五彩繽紛，香鮮襲人，米飯如美夢初醒，掀起它的鍋蓋來，粒粒光潔油亮，入口爽滑香糯，回味無窮。淋上澆頭，猶如雪原上紅梅開，青松綠，尤為賞心悅目，被肉香浸潤了的米，又有菜鮮陪襯，自是香鮮無敵，讓人大快朵頤。

處暑時節，芹菜、菠菜、黃瓜、南瓜、茄子、青椒、番茄、蘿蔔、土豆，各色時蔬應有盡有，每個人都可以發揮想像力，做成醬香茄子蓋澆飯、番茄炒蛋蓋澆飯、五彩花枝蓋澆飯、土豆燉鴨子蓋澆飯，這是一種創造生活的智慧，也由此意識到人與土地的關係，耕作與收穫的關係。

◈咬餅

處暑吃咬餅亦是節日食俗。咬餅不是薄餅，雖然都用以包紮肉絲、蝦仁絲、冬筍絲、土豆絲、香蔥段等餡料，但薄餅要先烙熟再卷配菜，吃一張卷一張，各色菜餚撿多撿少，全憑個人口味和心情。做咬餅，要溫水和麵成糊狀，擀麵杖擀不得，需用手抓起一團，揉捏為圓形薄餅，鋪上備好的生餡，再折卷成圓卷，入油鍋烹製，以兩面烙黃為度。吃時，雙手扶著，張口一咬，但覺皮脆餡香，再咬一口，餅香四溢，就像風吹稻浪，香遍四野，陽光空氣流水蟲鳴都裹挾著不盡的香息。

處暑時節，老鴨肥美，且味甘性涼，可滋五臟，除秋燥，益心脾，補氣血，於處暑享食最為相宜。南方一些地區處暑吃水鴨，北地則食處暑百合鴨，以北京為最。鴨肉切塊，過熱水一焯，入鍋煮沸，先取鴨湯倒進陶瓷燉盅裡，再將鴨肉、百合、陳皮、菊花、紅棗等一應食材放入，隔水燉煮兩小時，即可加鹽食用。「百合新者，可蒸可煮，和肉更佳」（李時珍《本草綱目．菜一》），百合味甘微苦，可補益心肺，清心安神，以之燉鴨，如同雲淡天更高，能生出一種很特別的味道，清潤又香醇，那該是秋天的鄉野味道吧。

一碗米，一張餅，一片鴨，處暑蔬食講究的是一個融合，糧食時蔬俱為一體，猶如人與土地與祖先血脈相連，無法割裂。薦時食，祭祖先，還要設道場，放饅頭，以祀孤魂野鬼。「燃一盞青焰的長明燈／中元夜，鬼也醒著，人也醒著／人在橋上怔怔地出神」（余光中〈中元夜〉），好一個「怔怔地出神」！中元節，亡靈回家，孤魂呢？就在江河湖海之上放一盞盞「荷花燈」吧，

「這一天若是有個死鬼托著一盞河燈，就得托生」（蕭紅《呼蘭河傳》）。中元節，佛家講普度，道家倡孝道，在老百姓那裡，虔誠的祭品，既奉先人，也敬孤魂，可謂兩全其美。

祭祀已畢，享用美食，亦是人間美事。那年新秋，我們去青州一處道觀遊覽，出來時已近黃昏，被一位女道士喊住了：「孩子們，吃點仙果吧。」我當時就怔住了：是供了一天的香蕉。那一聲「孩子們」言猶在耳，仙果的香甜至今讓人回味不已。

處暑
食物是
一種態度

蓋澆飯（蓋飯）

食材

粳米……80 克
萵筍……20 克
胡蘿蔔……20 克
水發木耳……20 克
五花肉……50 克
香蔥……10 克
醬油、精鹽……適量

作法

一、粳米洗淨，香蔥切段，萵筍切片，胡蘿蔔切絲，水發木耳切小塊，五花肉切細丁備用。

二、熱油起鍋，先撒蔥段爆香，再添肉丁翻炒，然後放進萵筍、木耳、胡蘿蔔。

三、最後調入醬油、鹽，旺火炒勻，加肉湯煮沸即可。

註7 菱芡　菱角和芡實。菱角，一年生草本的浮葉性水生植物，一般栽種於溫帶氣候的濕泥地。芡實，一年生睡蓮科水生草本植物芡（Euryaleferox Salisb）的成熟種仁。

註8《燕京歲時記》　清代富察敦崇所撰，一部記敘清代北京歲時風俗的雜記，大約分為風俗、遊覽、物產、技藝等四類。

註9《東京夢華錄》　北宋孟元老所撰，追述中國北宋都城東京開封府城市風貌的回憶錄，其中包括四時節令的風俗，並記錄朝廷祭典、歌舞百戲、飲膳起居等。

註10 薦新　以首次收穫的五穀、蔬果祭祀祖先神明，表示謝恩的祭典儀式。

白露

〈藥堂秋暮〉　唐·錢起

隱來未得道，歲去愧雲松。
茅屋空山暮，荷衣白露濃。
唯憐石苔色，不染世人蹤。
潭靜宜孤鶴，山深絕遠鐘。
有時丹竈上，數點彩霞重。
勉事壺公術，仙期待赤龍。

白露，從草尖到舌尖的旅行

先講兩個故事。

西元前一〇四年，漢武大帝劉徹修造建章宮。四年後，宮中最為壯觀的神明台建成，台高五十丈，銅鑄仙人手托的玉盤直徑為二十七丈，內有巨型玉杯，以承接雲表之清露，此盤喚作承露盤。仙盤秋露，天賜玉液，以玉屑和食，漢武帝未能長生不老。倒是唐代有一位皇帝的寵妃喜愛百花之露，她於秋日之晨吮之吸之，止渴解酲[註11]養顏，讓皇帝清晨一睜眼就看到，回眸一笑百媚生。這個寵妃叫楊玉環。

◈白露水

漢武帝楊貴妃所服秋露即為白露，其凝如脂，美如飴，世人尊之為天酒神漿。白露為何物？徐敞《白露為霜》：「入夜飛清景，淩晨積素光。」水汽的翅膀在夜裡飛，飛往草尖，飛往花瓣，飛往庭院的玉階，秋夜涼啊，它們遇冷凝成細小的水滴，白瑩瑩亮晶晶，美其為白露。露凝而白，是自然的奇觀，也是節氣的徵象。白露降，天氣轉涼，時維八月，名之白露節。

白露，好動人的一個名字。當「白露」二字經過我們的唇齒時，我們總是雙唇輕啟，然後舌尖抵住上齒齦，這樣的發音更像是把「白露」留在我們的舌床上，冰涼清爽之味隨即四散溢開，灰暗的目光頓時變得明亮，「秋夜長，殊未央，月明白露澄清光，層城綺閣遙相望」（王勃《雜曲歌辭．秋夜長》）。

古文人以月光為涼衫，視白露為靈魂，「蒹葭蒼蒼，白露為霜」（《詩經．蒹葭》），「中庭淡月照三更，白露洗空河漢明」（陳與義《秋夜》），吟詠白露，歌頌原初的風光，自詩經時代，白露就是這世界神的一滴，接近美好的天堂。「白露到，摘花椒」，「白露打棗，秋分卸梨」，「白露打核桃，霜降摘柿子」，流傳民間的農諺表達著人們對於白露節的理解：只有和自然的節奏同步，我們才能經歷生活的最美味。

白露甘平無毒，久服不饑，屈原朝飲木蘭墜露之行為被後人競相效仿，采露而飲成為人間雅事。唐朝大醫陳藏器主張身體的器皿多盛放一些白露：「百草頭上秋露，未晞時收取，愈百疾，止消渴，令人身輕不饑，肥肉悅澤。」白露節，天降靈水，滋養文人雅士的心田，也形成一個節氣獨特的審美追求。白露補露，這樣一種節氣食俗，把玉露甘露瑞露給放大了，一切透明純淨之水皆為飲食之需。白露以它的晶瑩剔透喚起我們對自然之色自然之味的熱愛與癡迷。

◈白露茶[註12]

白露，凝聚自然精華，凝於草尖，聚在花瓣，未曾沾及地面，為上池之水。白露繁盛之晨，以玉盤收取，煎茶飲啜，奢侈卻精緻，實乃人生一大快事。秋天的茶樹長勢尤為旺盛，沐過夏日秋月，黃綠或者暗紅，每一片葉子都有豐富的閱歷，它們是沉靜的，也是純潔的，葉上凝著的露珠如同嬰孩清澈的眼神。

要好喝，秋白露。惜露水，品香茗。白露節一到，白露茶的所在就是大地上新鮮活潑的去處，清香甘美的中心。清晨，空氣溫潤，露香猶存，上山採茶，采的是日月之靈氣，美露之芬芳。「鄰父築場收早稼，溪姑負籠賣秋茶」（陸遊《秋興》），清溪小妹，她從山中來，挽著高高的褲腳，在村頭脆生脆氣地那麼一喊，陽光燦爛，瓜果飄香，秋天的精彩徐徐展開。白露之茶吐香蘊玉，以山泉水煮之，香味平和卻持久，過舌尖，沁心肺，如一根細長的繩子，結實而柔韌。

白露節這天，古都南京的頭等飲食大事就是享食白露茶，感受節氣的新奇，自然的饋贈，生活的甘醇。

「白露沾碧草，芙蓉落清池」，「白露滋園菊，秋風落庭槐」，「涼風白露夕，此境屬詩家」，白露和碧草、秋菊和清風生成一個清新鮮麗的世界，一種純潔無瑕的東西，它催生詩意，造就生活的詩人。植物得白露之滋生機勃發，比如煮製銀耳茶，就是對白露之美的一種理解和創造。

銀耳茶的妙處在於一蒸一沖泡，兩水合一盞。銀耳洗淨，放入蓋碗中，加冰糖和水，隔水大火熱蒸至銀耳爛熟，其色白潤如玉。取當令的白露茶，以熱水浸泡，得鮮活明亮之茶湯，然後注入蓋碗，但見朵朵白雲在澄澈的小湖裡徜徉，煞是養眼，入口齒頰生津，香甜無敵。

燥是秋天的主氣，燥易傷肺，銀耳茶滋陰潤肺，養胃生津，讓人的身體流動著一條溫潤的河流。

◈白露米酒

美好的時令，有白露茶吐香蘊玉，還有白露米酒甜糯香醇。

「一候鴻雁來，二候玄鳥歸，三候群鳥養羞」，白露是一種光，它的出現，讓百鳥的視界豁然開朗：鴻雁玄鳥追逐溫暖，飛向南方以南，北方漸涼，群鳥則儲備過冬的食物。人呢，圍著熱鍋忙碌，熱氣騰騰，喜氣洋洋。糯米是事先浸泡了的，蒸熟，放涼。甜酒曲搗碎成粉，均勻撒在米飯上，加溫水，拌勻，壓實，糯米中間掏一個洞，撒一點甜酒粉，密封發酵，三五天即可出酒。此白露米酒糅合了米的溫柔甜膩和酒的濃烈香醇，味辛性溫，是祭祀用酒，亦是待客佳釀。

家釀的米酒，把秋天的涼風溫熱了，變成熱情的話語，酒逢知己啊，來一個不醉不甘休。「桂陽程鄉有千里酒，飲之至家而醒」（《水經注》），千里酒即程酒，白露米酒的極品，古時為貢酒，「色碧味醇，愈久愈香」（《興寧縣誌》），飲一次醉一程，沿途秋意濃濃，醉意亦濃濃。

「白露白迷迷，秋分稻秀齊」，「白露天氣晴，谷米白如銀」，白露時節，仁瑞之澤滋潤著大地上的生命，「白如銀」，是白的露孕育銀的米。我們對白露的喜愛和追逐，就是對生活的認真和投入。「八月清涼白露勻，萬民安樂養真身」（王哲《得道陽》），白露初現天下白，白露創立一個新的節氣，也引領著一種飲食文化的形成。

白露節這天，人們補露，還講究一個白字，要採集白木槿、白毛苦等草藥，煲烏雞白鳳湯，所采草藥名字均有「白」字，需十種，這叫「十樣白」。薛寶釵所服冷香丸，更是集天下之大白。白色花蕊四種，陽春的白牡丹，夏天的白荷花，秋季的白芙蓉，寒冬的白梅花；上池之水四種，雨水時的雨，白露節的露，霜降日的霜，大雪天的雪。製作此香丸，需要一種對自然的綿長情意，對節氣的持續關注。

尋常百姓家的桂花海蜇白露鰻，則不必如此大費周章，白蘿蔔可就地取材，熬一鍋鰻魚湯就是絕佳的食補。這個時節，鰻魚最為鮮肥，若是錯過了，腸子都要悔青的。去除鰻魚內臟，沖洗乾淨，切段，投入開水鍋裡汆燙一下，撈出，瀝水。白蘿蔔切塊，加入生薑蔥頭桂皮枸杞雞湯，與鰻魚同煮，大火煮沸之後，轉小火慢煲，直至湯色白如乳酪，魚肉嫩若豆腐，細膩香鮮。

蘿蔔消穀和中、去邪熱氣，鰻魚補虛養血、祛濕抗癆，當蘿蔔遇到鰻魚，仿佛「金風玉露一相逢」，便勝卻人間無數佳餚。白蘿蔔和白露茶也是絕配。蘿蔔切片，蒸煮，取其汁，撒一點點鹽，調味，然後與茶湯兩相融匯，飲之清香無比，又有清熱化痰理氣開胃之功效，為秋季養生之妙品。

「酒客愛秋蔬，山盤薦霜梨」（李白《尋魯城北范居士作》），白露時節，各色蔬果正當其時。福州食俗白露節必吃鮮果龍眼，也有的地方以吃甘薯為習，甘薯補脾益氣，健胃強腎，近年興起一款美食「白露甘薯餅」，購買者眾。秋梨、蘋果、香蕉等當令水果皆能清熱降火潤肺去燥，且果肉細嫩，入口鮮甜，味蕾上幸福滿滿。露珠也是一種水果，它圓潤飽滿，潔白晶瑩，是天地之精氣在草尖枝頭凝成的霜梨龍眼。

太陽一照，那些白露金光閃耀，鮮豔奪目，像是大地捧著的珠寶，又像一個醒目的標題，引人關注白露時節的華美篇章。

白露
從草尖到舌尖的旅行

羅勒椰雞燉飯

食材

雞肉……200 克
蘑菇……150 克
梗米……100 克
橄欖油……2 湯匙
洋蔥……50 克
羅勒（九層塔）……10 克
大蒜、胡椒、高湯、海鹽……適量

作法

一、蘑菇洗淨、切小丁，備用。
二、起鍋，倒入橄欖油，放入蒜頭爆香，再放雞肉拌炒。
三、陸續放入梗米、洋蔥丁，加適量高湯悶煮，待熟透後調味即成。

白露
從草尖到舌尖的旅行

鰻魚鮮粥

食材

鰻魚……1 條
梗米……50 克
薑絲……適量
青蔥末……適量
鹽……適量
胡椒……適量

作法

一、鰻魚洗淨，切斷，備用。
二、粳米洗淨，放入陶鍋，加適量水燉煮。
三、待粥煮開後，放入鰻魚段和薑絲，熟爛後撒上蔥花，調味即成。

註11 解酲　　醒酒，消除酒病的方式。

註12 白露茶（本書原註）　　白露時節採摘的茶葉，茶樹經歷了夏天的酷熱考驗，至白露前後天氣轉涼，又會進入一個生長佳期。白露茶不像春茶那樣鮮嫩、清淡，也不像夏茶那樣濃烈，而是有一股獨特的醇厚味道。

秋分

〈點絳脣〉　　宋・謝逸

金氣秋分，風清露冷秋期半。
涼蟾光滿，桂子飄香遠。
素練寬衣，仙仗明飛觀。
霓裳亂，銀橋人散。
吹徹昭華管。

秋分，夢裡鄉愁一碗粥

秋分時節，有一個習俗叫粘雀子嘴。細溜溜的竹竿挑著圓鼓鼓的糯米團，豎在田邊地坎，糯米團又甜又黏，粘住麻雀的嘴，急得它們晃腦袋撓嘴巴，再也無法啄食穀穗穗裡的米。如同海妖塞壬甜美的歌聲，美食是一種誘惑，讓麻雀們落入美味的陷阱，也讓我們的味蕾有了嶄新的體驗。

這種糯米團，北方叫它元宵，江南名之湯圓。元宵是一些立方狀的餡塊在盛滿糯米麵的笸籮內滾，直到滾成一個小雪球。湯圓就像包餃子，先用手揪一小團濕麵，擠壓成糯米片，再擱上餡料，四圍捏緊成桃形。

餡料是芝麻和白糖，北方的工藝是和勻凝固切塊，江南人拌勻即可。粘雀子嘴的米團團只是一團黏性極強的糯米麵，內無餡料，類似粘知了用的麵筋。粘了雀子的嘴，我們就有更多的小米下鍋了。

◈小米粥

說說小米吧。小米色黃味甘，為五穀之首。記得小時候最愛喝的就是小米粥。

粥面上浮著一層脆薄的油亮的米油，用舌尖輕輕一觸，那層粥油就會凹出一個小酒窩，讓人臉紅心跳的小酒窩。我喝小米粥的時候，總是先讓嘴唇沿著碗的邊沿溜一圈，慢慢地拖動粥油，像蠶兒咬食桑葉那樣，吃掉這張薄香餅，再喝粥，溫度正適口。濃香黏糯的小米粥加上一大勺紅糖，猶如金黃的田野籠罩了一層琥珀色的暖意，好像黃昏，紅糖小米粥的味道就是黃昏的味道，甜味醇厚而清香悠長，黏度強而又綿軟適口，讓人如飲瓊漿，似品乳酪，滿嘴甜香。紅糖小米粥活血化瘀，氣血雙補，是粥中極品，產婦常以此粥補血養元。

紅糖小米粥是一種甜粥，裹了餡料的米團團亦是甜食，二者在飲食文化淵源上有著一脈相承的關係。粥應該是中國最早的美食，《周書》中記載「黃帝始烹穀為粥」。古人以膏粥祭祀蠶神，膏粥就是澆上肉汁的甜粥。宋朝人以雪白的米粉麵為外皮，包裹了紅糖等餡料，呈圓球形，看上去很像白胖胖的蠶繭，這就是湯圓。

◈秋湯

我們家鄉習慣把飄著幾片青菜葉的粥食叫「湯」，譬如韭菜湯，如果湯裡再開放著三五朵雞蛋花，那就叫韭菜雞蛋湯。粥又黏又稠，舀上兩勺，碗裡都冒尖了，這才叫黏粥。粥在我們家鄉不讀 zhou，讀 zhu，喝粥就是喝黏住，是粥把我們的口舌和腸胃黏在一起，一碗粥稀裡呼嚕地喝下去，口舌快慰，腸胃也舒坦。

秋分吃秋菜，吃的是野莧菜。秋分這天，人們去田野，採摘野莧菜的嫩莖葉。回家擇去雜草，洗淨，投入大鍋，加水，與魚片同煮，大火燒上熱氣，野菜和魚片上下翻滾，有一些香鮮味兒就像小魚小蝦那樣蹦了出來，擦著人的鼻尖尖往外面跑，十分的撩人。魚片鮮美，野菜腴嫩，這叫雙鮮，出鍋前再撒一把鹽，鹹中出味，那滋味鮮得叫人直咂舌。

那年，我去參觀一所幼稚園，園內掛著一塊白色的寫字板，上面寫了一周的菜譜，週三那天，早飯有小米地瓜粥，午餐的菜餚是番茄豆腐湯、白菜炒肉末，到晚上要喝莧菜魚片湯。在那菜譜前面，我站了足足十分鐘的時間，恍惚間，我真的成了幼稚園的一個孩子，一臉的天真與稚氣，在課堂上拍拍小手點點頭，吃飯的時候，我喝番茄豆腐湯、莧菜魚片湯潤潤嗓清清腸，那熱呼呼香甜甜的小米地瓜粥啊，它甜得我的小嘴一個勁地叫阿姨，我的聲音真甜。

大凡節日的食物都講究討個好口彩。莧菜魚片湯叫秋菜，也叫秋湯，有一首民謠流傳至今：「秋湯灌髒，洗滌肝腸。闔家老少，平安健康」。喝秋湯，喝進去的是健康，喝出來的是平安。秋分時節，寒涼漸重，多出現涼燥，飲食應以清潤、溫潤的食物為主，潤養最多的粥湯，如甘蔗粥、百合粥、栗子粥、胡蘿蔔粥、冰糖銀耳湯、無花果白鯽湯、百合杏仁枇杷粥，均有清熱潤燥、益氣生津之功效，且口感味道極好，為秋分當令美食。

秋分真是一個美好的節氣。「金氣秋分，風清露冷秋期半。涼蟾光滿。桂子飄香遠」（宋・謝逸〈點絳唇〉[註13]），古老的詩歌呈現著秋分時節的動人之美迷人之媚。西漢董仲舒《春秋繁露》[註14]：「秋分者，陰陽相半也，故晝夜均而寒暑平。」均分晝夜，平分秋季，秋分處於美好事物的中心，猶如花朵處於新葉和鮮果之間，又如河流處於稻花和麥浪之間。秋分收春豆，秋分稻（晚稻）見黃。秋分見麥苗，寒露麥針倒。秋分時節的場院，圓鼓鼓的玉米棒躺在上面，它們飽滿的身體緊緊地挨在一起，就像一群性感的沙灘美女，沐浴著秋天的陽光。「百穀之長」高粱呢，紅通通的高粱穗子堆成一座小山，有一些細細的梃稈還挑著重重的穗子，斜倚在麥秸垛上。想像，那些穗穗掄起來，在石頭上摔打，高粱米如小蟲亂飛，這種脫粒方式依然有著工業革命之前的美。

高粱米是熬粥的食材，梃稈和穗蕎可加工成笤帚[註15]，握著它，我們的雙手就會生出一些蓬蓬勃勃的力量。

◈玉米粥

新鮮的食材，能帶給粥自然的香氣。秋分時節，玉米粥最為香甜爽口。小時候，我們家天天喝粥，早上是玉米粥，清湯寡水的，哧溜哧溜喝上兩三碗，混個湯飽。玉米粥，我們家鄉也叫糊塗、玉米糊，近在咫尺的臨沂人叫它「糝」，取意玉米做成的參湯。

清人鄭板橋最喜喝粥：「暇日咽碎米餅，煮糊塗粥，雙手捧碗，縮頸而啜之。霜晨雪早，得此周身俱暖」。鄭板橋[註16]，乾隆時進士，在我們這的濰縣任知縣時，他在縣衙中畫了幾幅竹，就去煮糊塗粥。他的字體也極類竹葉，六分半書，有一幅年畫叫《難得糊塗》，我家掛了許多年，看上去字中有畫，畫中有人間情趣。這煮的糊可養家，叫糊口。「糊」的本義同「餬」，稠的粥，用以填塞腸胃，維持生活。

美食是一種想像，是對生活的美好想像。玉米是粗糧，如何粗糧變細糧並把玉米的清香最大限度地激發出來，這才是對生活有所昇華。如今，我家煮玉米粥，先用牛奶把玉米麵調成糊，然後，鍋內加水，旺火燒沸，倒入糊糊，用鐵勺攪拌均勻，再轉小火慢煨至粥熟。玉米含有大量蛋白質、膳食纖維、維生素、礦物質，如果想讓玉米粥營養再豐富一些，可在粥熟後打散兩枚雞蛋，在碗裡攪勻，再慢慢倒入粥鍋裡，另一隻手持著筷子在鍋底疾疾地向一個方向攪拌，直至雞蛋細如髮絲黃似金條，即可關火，取食。

甘蔗粥也是稀粥，做法極為簡單。甘蔗洗淨榨汁，加水適量，和高粱米同煮即成。此粥補脾消食，清熱生津，為秋季佐餐之上佳湯品。

熬粥，講究一個麵和水的比例。想喝稠粥，單純地加大面的劑量，熬出的粥黏糊糊的，其味大打折扣。可適當加入別的食材，譬如百合、南瓜、大棗、枸杞、山藥等等。就說玉米南瓜粥。南瓜洗淨，削去兩端的蒂，剖開，挖掉南瓜籽，去皮，切成滾刀塊，置於熱鍋裡，隔水蒸爛，壓成麵糊狀。鍋內加涼水，放入玉米粉和糯米粉，邊煮邊攪，水沸時投進南瓜糊，攪拌，煮沸三五次即可起鍋。這玉米南瓜粥入目黃澄澄的，入口甜滋滋的，呼嚕嚕不歇氣地一個人吃上兩大碗，直吃得肚子都溜圓溜圓的，特有幸福感。

秋分到，蛋兒俏。作為民俗活動，豎蛋遊戲已被越來越多的人所喜愛。在平整的桌面上豎起一個光滑勻稱的鮮雞蛋，是一件賞心悅目的美事，讓人想起故鄉的炊煙，清澈的雞鳴，還有母親的咳嗽。一碗粥，冒著騰騰熱氣，它也豎立在秋分時節，豎立在收穫和耕種之間，這粥煮出來的味道就是生活的味道，懂得煮飲粥食，也就懂得了生活。

秋分
夢裡鄉愁
一碗粥

養生黑米粥

食材

黑豆……50 克
黑糯米……30 克
黑芝麻……20 克
紅棗……10 顆

作法

一、黑豆、黑糯米先浸泡一夜，瀝乾備用。
二、取陶鍋加適量水，放入所有食材，熬煮一小時。
三、待食材待熟爛後，調味即成。

秋分
夢裡鄉愁
一碗粥

百合海參排骨湯

食材

海參……150 克
排骨……100 克
百合……25 克
海鹽……適量

作法

一、排骨洗淨川燙，備用。
二、海參泡發後，川燙，切塊備用。
三、取陶鍋加適量水，放入所有食材，熬煮一小時。
四、待食材熟爛後，調味即成。

註13 點絳唇　詞牌名，亦稱點櫻桃、十八香、南浦月、沙頭雨、尋瑤草。雙調共四十一字，因梁江淹〈詠美人春遊〉詩中「白雪凝瓊貌，明珠點絳唇」而得名。

註14 春秋繁露（本書原註）　漢代哲學家董仲舒的政治哲學，該書推崇公羊學，發揮「春秋大一統」的主旨，闡述了以陰陽、五行為骨架，以天人感應為核心的哲學─神學理論，宣揚「王道之三綱可求於天」的倫理思想，為漢代中央集權的封建統治制度奠定了理論基礎。

註15 笤帚　竹製或用散穗的高粱散穗所做成的掃帚，作為掃除雜物的工具。

註16 鄭板橋　鄭燮，字克柔，號板橋，清朝官員、學者、書畫家，擅長畫竹。著有《板橋詩鈔》、《板橋詞鈔》、《板橋家書》等。

寒露

〈月夜梧桐葉上見寒露〉 唐・戴察

蕭疏桐葉上，月白露初團。
滴瀝清光滿，熒煌素彩寒。
風搖愁玉墜，枝動惜珠乾。
氣冷疑秋晚，聲微覺夜闌。
凝空流欲遍，潤物淨宜看。
莫厭窺臨倦，將晞聚更難。

寒露，美食的尋根之旅

那些細膩敏感的詩人，一看見白露從天而降，內心就風清月朗。「露含疏月淨，光與曉煙浮」，「白露沾碧草，芙蓉落清池」，白露是詩人澄明的心，晶瑩剔透，纖塵不染。及至寒露墜，天氣轉涼，梧葉飄黃，詩人則心有戚戚焉，「嫋嫋涼風動，淒淒寒露零」，讀來滿紙涼意。

◈蒸糕

讓人感到欣慰的是，草木猶榮之時，我們可以往高處走一走，看白雲紅葉，叫辭青[註17]，也叫登高。登高，和下墜的寒露做著相向運動，這是人們對自然變化做出的積極而又從容的應對。就像落葉走上枝頭那樣，人在高處遠望來路，眼界寬，心界更寬。寒露時節，有一個特定的登高節日，是九九重陽節。重九登高的習俗始於兩晉，登高觀景，吟詩作賦，自是人間雅事。「高」「糕」諧音，登高節要食花糕，寓意「步步高升」。明代謝肇浙《五雜俎》：「九月天明時，以片糕搭兒女頭額，更祝曰：『願兒百事俱高。』此古人九月作糕之意」。

我的故鄉是魯中平原的一個小村莊，四圍不見翠峰丹崖，觸目盡是沃野平疇。每逢重陽節，母親就蒸棗花糕給我們吃。蒸糕好比做發麵饅頭，用一碗溫水把老麵泡軟，攪勻，調成發麵水，加入麵粉，揉成麵團。和好麵以後，母親總是把麵盆搬到熱炕頭上，蓋上蓋墊，讓麵睡一覺，這叫醒麵。

挑個大、肉多的紅棗洗淨，瀝乾，盛盤。麵團上案，看母親揉麵真是一次美學啟蒙，一塊黃不溜丟的麵團被母親用手上揉下搓，左扯右抻，不一會兒，就變成一根如手指一般粗細的長條，觸之光滑細膩。然後持其兩端，分別向中間卷起，呈如意形，如意卷的兩個中心各嵌入一枚大棗，拿筷子往中間一夾，即成四朵圓形花瓣，如果用刀給每一個花瓣劃開一條半徑，整個麵食就像梅花一樣灼灼盛開著。

蒸熟的花糕尤為好看，花瓣白嫩嫩，花心紅豔豔，且麥香棗香撲鼻，讓人看一眼就會心花怒放。我小時候吃花糕，喜歡沿著花糕的邊緣一圈一圈地溜，把大月亮啃成小月亮，最後啃得只剩下一顆晶亮亮的啟明星，我走的是越來越甜的食之道，一顆甜棗猶如生活的內核，讓我漸漸接近它的美好。

最妙的是用黍米蒸糕。黍米色澤金黃，蒸熟以後黏黏糯糯的，軟軟滑滑的，特有嚼頭，此之謂黃糕。九月食糕以黃糕為最悠久。隋朝杜台卿《玉燭寶典》[註18]種關於黃糕有這樣的記載：「食餌者，其時黍秫並收，以因黏米嘉味，觸類嘗新，遂成積習」。餌，即古代之糕，為祭品和宴席美味。

做黃糕，要先磨麵。我家有一盤石磨，當年我家剛搬進新瓦房，父親就請石匠鑿了那盤石磨，老石匠揚錘開鑽的砰砰聲響了整整一天，像是在迎接一個大人物。磨黍米是我的活，一手扶著腰間的磨棍，一手拿著鐵勺子，往磨眼裡續米，金燦燦的米粉從溝槽裡「吱嘎吱嘎」流向磨台，那情那景看上去就像一群小黃蜂飛向大片大片的油菜花，看久了讓人有一種幸福的眩暈。

新磨的黍米麵有一種特殊的香氣，有些鮮，有些野，還有一些暖，是原初的糧食香。蒸糕也是細緻活兒，黍米麵用少量溫水拌成小疙瘩，放在鋪有籠布的籠屜上，旺火熱蒸至米色金黃即可，然後倒入瓷盆裡，手在涼水裡浸一下，作拳頭狀，趁熱以拳面使勁揉搓擠壓糕面，這叫「揣糕」。如果想讓黃糕的味道更香甜一些，可一層黍米一層棗肉地蒸。揣好的糕光滑筋道，如果再抹上一層胡麻油，那熱騰騰香噴噴的黃糕就有些金燦燦油光光了，用鏟子截一塊兒擱在嘴裡，一種無與倫比的甜就黏了唇齒軟了舌頭，讓整個身體都變成一個蜜罐罐。黃糕味甜香潤，可蘸湯汁吃，滑溜溜的，甚是鬆軟可口。

◈熱粥

黃糕熱氣四溢的時候，香氣也十分的飽滿，看上去熱氣騰騰喜氣洋洋，有著充沛的人間暖意。

露水先白而後寒，即將凝結成霜，「秋桐故葉下，寒露新雁飛」，南飛的鴻雁要去披一身南方以南的暖陽。「天涼了，請加衣」，這樣一句短短的關切就是一件貼心的衣服。「吃了寒露飯，單衣漢少見」，在我的味覺體驗裡，吃了母親做的寒露飯，真的是周身俱暖。乍暖還寒時候，最讓母親操勞。寒露時節，雨水漸少，空氣乾燥，易傷胃津。我小時候有肺炎，天氣一轉涼就會胸悶氣短，乾咳少痰。一大早給我熬熱粥成了母親起床後的頭等大事。她把風箱拉得「呱嗒呱嗒」響，輕輕舀起一勺粥，又慢慢倒進鍋裡，那嘩啦嘩啦的聲音就是一種味覺語言，讓人閉了眼，細細地品味，慢慢地吞咽，別有一番滋味在心頭。

粥有益肺潤燥和胃健脾之功效。「翠瓜碧李沈玉甃，赤梨葡萄寒露成」，我的母親不是詩人，但是，她的一蔬一飯都體現著一種意境，表達著她對節氣和物產的理解。秋梨鮮嫩多汁，酸甜適口，可潤肺生津止咳化痰，作為「百果之宗」，它在寒露時節成熟，猶如一股鮮活之水，流進乾燥的河床。那時沒有榨汁機，母親把梨洗淨，削去皮，一切兩半，用刀尖挖去梨核，將梨肉切為細絲，投入鍋中，加水，煮至水沸，再放入大米，小火慢煨，米爛即可盛起食用。這一款雪梨大米粥味極清淡，入口十分的甘甜，又有潤肺化痰之功，可謂藥食俱佳。

「新采嫩藕勝太醫」，從樹上的秋梨到淤泥裡的蓮藕，母親用她的飲食智慧創造著生活的滋潤和甘美。「秋陰不散霜飛晚，留得枯荷聽雨聲」，冷的雨擊打著枯的荷，又滴落到秋的水裡，這真是一個意味深長的提醒：深處的藕已聚集歲月的甜。母親挖來一根沾著塘泥的蓮藕，不消說，天一抹黑，就能喝上香甜軟滑的蓮藕小米粥了。把蓮藕洗淨，去皮，橫向一切為二，頂刀切薄片，和淘洗了的小米一併投入鍋裡，加水熬煮。若伴以七八顆枸杞同煮，白淨淨香噴噴的熱粥裡的點點橘紅，猶如幾尾頑皮的紅鯉遊動在荷葉田田荷香脈脈的荷塘裡，讓人宛若欣賞一幅九魚荷花圖。

蓮藕清熱生津，小米健脾養胃，枸杞補肝益腎，可謂集天地之精華，擅水陸之靈氣，且粥湯為精，粥香為氣，食材為神，如此一說，精氣神一應俱全，啜飲此粥，享食的是大地的當令物產，品味的是古老的中國文化。

喝熱粥，絕妙的配搭是一碟小鹹菜，鹹菜又以豆豉鹹菜為最佳。小時候我一流眼淚，母親就說，看，眼睛裡往外蹦金豆子了。那漫山遍野的大豆呢，可是溜圓的露珠凝成的顆粒。大豆洗淨，瀝乾，可加入八角茴香同煮，煮至酥軟，擱在炕頭上，發酵，乃成豆豉。旺火熱鍋，煮開花椒水，

寒露
美食的
尋根之旅

地瓜泥熱沙拉

食材

地瓜……1顆（約300克）
洋蔥……1顆
椰子油、海鹽、
肉桂粉、荳蔻粉
……適量

作法

一、鍋中倒入椰子油，再放入地瓜和所有食材，拌炒。

二、蓋上鍋蓋悶煮，待熟爛後調味即成。

寒露
美食的
尋根之旅

牛蒡山藥燉雞爪

食材

牛蒡……200克
山藥……200克
雞爪……6隻
鹽……適量

作法

一、雞爪洗淨，去除指甲後切塊，備用。

二、山藥去皮切小塊、牛蒡切小塊，備用。

三、取陶鍋加適量水，將山藥和牛蒡放入陶鍋，加適量水燉煮，熟爛即成。

註17　辭青　　舊俗每年農歷九月九日重陽節，人們結伴遊山，在郊外飲酒尋歡，即稱辭輕，又稱登高。

註18　《玉燭寶典》　隋朝杜臺卿所撰，一本歲時民俗著作，原書十二卷，書名來自《爾雅》釋天「春為青陽、夏為朱明、秋為白藏、冬為玄英。四氣和、謂之玉燭」。

霜降

〈季秋已寒節令頗正喜而有賦〉宋．陸游

霜降今年已薄霜，菊花開亦及重陽。
四時氣正無愆伏，比屋年豐有蓋藏。
風色蕭蕭生麥隴，車聲碌碌滿魚塘。
老夫亦與人同樂，醉倒何妨臥道傍。

霜降，歷練的甘甜

氣肅而凝，露結為霜。「疑薄霧之初覆，似輕塵之未起」（崔損〈秋霜賦〉），這如薄霧似輕塵的霜一出場，讓即將進入冬季的植物狠狠地春天了一把。

「霜葉紅於二月花」[註19]，二月的春花羞答答地開，猶如一朵紅雲從少女的俏臉上升起。楓葉或狀如雞腳，或形似鴨掌，五裂，猶如花的怒放，經霜之後葉色猩紅似火，響聲也是有的，那種熱烈而響亮的紅，就像空中炸響的爆竹，肆無忌憚，華麗鋪張。

「萬類霜天競自由」，毛澤東是一位喜歡在霜天裡遠眺的詩人，他用「自由」這個詞表達著他對霜秋生命的感知。

◈醃菜

秋霜落在草木土石上，我們家鄉叫「打霜」。「不經霜打，柿子不甜」，「霜打白菜賽羊肉」，千年流傳的諺語說出了鮮甜味美之源：銀霜是雌性的，有著旺盛的生殖力，它繁殖出秋葉的火紅，也孕育著蔬果內心的甜甘。霜降時節，明月朗照，大地之上霜花盛開，在我們看來，銀的霜就是一層比甜還甜的糖，那些大紅柿大白菜就是許多蜜罐罐。

醬菜也要打霜的。記得霜降之夜，母親就揭去醬缸上的蓋墊，給茄子蘿蔔們請來一層皚皚白霜，這叫「霜降醬菜」，白霜一打，醬菜就特別的鮮甜，又有一股濃郁的醬香，以之佐飯，一口氣能吃掉兩個窩窩頭。醃製醬菜，我家開始用自製的麵醬，後來改為散裝的醬油，再後來醬缸棄之不用，一夜寒霜空自降，讓人為之淒涼。

清人潘榮陛[註20]是一位把節日習俗當作社會大事來寫的作家。在他那裡，霜降醃菜是一年一度的重要事件，說到黃芽菜，他贊為都門極品，鮮美不減富陽冬筍，乃醃菜之首選。過去一到霜降，我的母親就忙著醃菜。地瓜蘿蔔可以窖藏保鮮。那些與主體剝離的蘿蔔纓、辣菜葉，拔秸棵時碰到的茄妞子，母親卻寶貝得不得了，粗鹽醃漬，細霜調味，使它們得以重構生活的甜美。

◈地瓜

霜降到，地瓜刨。地瓜是霜降當令主食。一夜繁霜，綠綠的地瓜葉全都變成黑黑的「木耳」。生出「木耳」的地瓜可就大不一樣了，樣子像一個大錘，威猛得很，咬它一口鮮脆如梨，甜美若棗。我小時候，老家流行一種叫「地瓜錘」的遊戲。兩孩童伸出左手相握，各自握緊右拳，然後齊念兒歌：「地瓜地瓜錘兒，打小人兒，小人兒不在家呀，偏要打著耍呀」，右掌擊打對方左手手心的時候並不用力，聽起來更像是為「地瓜地瓜」打節拍，其樂趣在於說到「錘」時迅疾發出手勢令，或石頭或剪刀或布，以決出勝負，講究一個反應機敏，更是一場心理博弈。

我們玩耍的時候，衣兜裡短不了零食的。如今的孩子喜食嘎嘣脆的炸薯條、麻辣薯片，被包裝袋圍困的孩子吃得特別過癮。炸薯條含反式脂肪酸，吃得過多，易肥胖，不利兒童智力的發育。我們那時吃的是純人工純天然蒸煮晾曬而成的地瓜乾，不含任何香精、色素和防腐劑。單是這一點，我們就比現在的孩子幸福得多。

一季地瓜半年糧。鮮地瓜煮粥喝，香甜軟嫩，特有口感；地瓜乾薄如秋葉，色若雪片，形似滿月，煮熟了吃，又嫩又甜，別有風味。小時候，我家常備主食有兩種，一是煎餅，二是熟瓜乾。母親把煮好的地瓜乾碼在蓋墊上，其上覆以籠布，著急做飯的時候，擱在鍋裡一熱，即食。此種熟瓜乾亦可作零食，兜裡揣了幾塊瓜乾，硬邦邦的，感覺闊氣得很，掏出來一晃，白花花的，極為誘人。

地瓜乾還有一種更為甜蜜的吃法，我們這裡叫「地瓜油」。鮮地瓜削皮時滲出的白色液體，俗名地瓜油，學名黏液蛋白，這是一種多糖蛋白質，能保持人體血管壁的彈性，是地瓜的精華所在。我所說的「地瓜油」是先蒸後曬的地瓜乾，製法較為繁複。取地瓜一兩個，洗淨，削皮，置於籠屜上蒸煮，待地瓜煮至能用筷子直接插透，取出。待稍稍冷卻，切片，厚薄跟鈣奶餅乾差不多，然後攤在竹匾上晾曬，曬製成型後，擱在瓷盆裡，用蓋墊捂一些日子，瓜乾受了涼，表面就會長出一層白的霜，伸出舌頭一舔，我的天，好甜，甜得讓舌尖雀躍舞蹈，甜得讓人有些小眩暈。

上好的地瓜乾黏軟筋道，越嚼越甜，猶如一根結實的繩子，從舌尖徑直垂下去，牢牢地拴住心尖尖。

地瓜，也叫紅薯、番薯、甘薯、紅苕，它富含澱粉、氨基酸、膳食纖維、胡蘿蔔素、多種維生素以及礦物質，被稱為「長壽食品」，白心者質脆多汁，生吃有水果之鮮爽，黃瓤者質緊味甜，熟食軟嫩甘美，如嚼奶油麵包。霜降時節，吃地瓜可健脾補腎生津止渴，但空腹吃會導致胃脹，更不宜和柿子同食，地瓜的糖分在胃內產生的果酸會和柿子裡的鞣質、果膠發生反應，形成難溶性硬塊「胃柿石」，嚴重者胃腸出血。柿子皮薄無核，肉軟蜜甜，口感甚是涼甜滑膩，「霜降吃丁柿，不會流鼻涕」，霜降吃柿亦是節氣食俗。

既然地瓜柿子不可兼得，那麼，就讓它們成為人世間的太陽和月亮，仁愛的光輝持續地照耀著我們。中午餐一頓熟地瓜，晚上生吃兩個甜柿，這樣的一天就是一首長短句，節奏鮮明，音韻鏗鏘，美食的抑揚頓挫成就生活的和諧之美。

◈柿子

霜降過後，楓樹、黃櫨的葉子如火似錦，柿樹滿枝紅果，看上去就像節慶時高高掛起的紅燈籠，千樹盡染，萬山披紅。採摘柿子，盡享鄉村游之樂，是當下城裡人的一種休閒方式。

那年深秋，我和一群孩子在校園裡過採摘節。許是城市的高樓太高，阻隔了空氣裡的流霜，橢圓形的柿葉還做著夏天的夢，柿子扁扁圓圓的，更為奇妙的是，大自然出於對它的偏愛，特意在接近基部的位置雕鑿出一道環狀的凹痕，使得整個柿果狀似磨盤。

這些柿子顏色深淺不一，青裡泛黃，黃裡透紅，那些孩子一爬上高木凳，碩大的柿子就骨碌碌地滾了過來，幸福來得如此突然，我看見，他們的小手在微微地顫抖。幸福是需要慢慢體味的，我們家鄉的柿子皆為澀柿，不可即食，我們這裡的做法是「濫」，把柿子置於溫水裡浸泡，水溫保持四十度C（其間可換水），一天一夜即可脫澀。

明朝的李時珍叫「烘柿」，他有他的烘柿一招鮮：青綠之柿，收置器中，自然紅熟如烘成，澀味盡去，其甘如蜜。那次採摘節，孩子們送我一提籃柿子，我帶給我的女兒，讓她挑幾個，放在一個透明的糖果盒裡，特意放進一個甜水梨、一個紅富士（熟果釋放乙烯，可催熟柿子），蓋上盒蓋，密封。她每天都去看一看，看那些小臉紅暈越來越濃。待柿子綿軟如酥，抓取一個搭在牙齒上，稍稍一壓，一股甘甜之汁隨即溢滿舌床，讓人身心為之大爽。外表紅潤如玉，內心甜美似蜜，這是烘熟的柿子，也是幸福的模樣。

柿餅甘甜酥脆，在我的老家，是祭祀灶神之上品。柿子去皮，排在簸箕裡，果頂朝上，日曬夜露，待捏製的柿餅外硬內軟，放入甕中催生白霜。柿霜和地瓜霜是一樣的霜，清涼甘甜，且富含甘露醇、葡萄糖、果糖、蔗糖，有清熱潤燥之奇效。這潔白的粉霜真是大自然的神來之筆。秋霜落，柿霜生。這霜，把蔬果的甜美推向寬廣。

白居易有詩云：「濃霜打白菜，霜威空自嚴。不見菜心死，翻教菜心甜。」天降白霜，讓蔬果們的生長不是增大，而是轉向它們的內裡，醞釀幸福的甘甜。

霜降
歷練的甘甜

三色地瓜炸餅

食材

黃色地瓜……1顆（約200克）
紅色地瓜……1顆（約200克）
紫色地瓜……1顆（約200克）
中筋麵粉…… 1包
雞蛋 ……3顆
砂糖……適量

作法

一、三種顏色地瓜洗淨、削皮，切成薄片狀，備用。

二、取一鍋倒入麵粉，加入三顆雞蛋、適量糖，調入適量水，攪拌成黏糊狀。

三、起鍋，倒入沙拉油，油在鍋中需有一定高度。

四、將地瓜薄片沾上麵糊後，放入滾燙的熱油中酥炸。

五、待雙面炸成微黃後，即可起鍋，置於瀝油架上瀝乾後，即可盛盤。

金針花清炒肉絲

食材

豬肉絲……80 克
金針花……80 克
泡發香菇絲……10 克
蒜……適量
蔥……適量
醬油……適量
海鹽……適量

作法

一、起鍋冷油爆炒蒜蔥。
二、倒入豬肉絲、香菇絲、金針花一起拌炒，
三、待食材熟透後，調味即成。

霜降
歷練的甘甜

黃芪炒烏鱧

食材

烏鱧（黑魚）……500 克
新鮮香菇……350 克
黃芪……30 克
蔥、薑、米酒、
鹽……適量

作法

一、烏鱧去頭、去鱗片內臟，切成薄片，再加入蔥末、薑末、米酒和鹽調味。

二、黃芪洗淨煎汁，備用。

三、香菇切片清炒，再加入黃芪汁、烏鱧片，熟透後調味即成。

霜降
歷練的甘甜

芋頭鮮粥

食材

芋頭……60 克
粳米……50 克
糖或鹽……適量

作法

一、芋頭削皮洗淨，切成小塊狀，備用。

二、粳米洗淨，和芋頭塊一同放入陶鍋，加適量水燉煮。

三、熟爛後調味即成（可依個人作成鹹或甜口味）。

霜降
歷練的甘甜

柿乾薑菇雞

食材

烏骨雞肉……200 克
柿子乾……8 片
鴻喜菇……40 克
筊白筍……2 根
薑片……20 克
海鹽、胡椒……適量

作法

一、雞肉洗淨、川燙，備用。
二、筊白筍洗淨切片狀，鴻喜菇洗淨，剝成適當大小，備用。
三、取陶鍋加適量水，放入雞肉和所有食材，熬煮一小時。
四、待熟爛後，調味即成。

霜降
歷練的甘甜

地瓜沙拉

食材

地瓜……1 顆（約 300 克）
洋蔥……1 顆
椰子油……適量
海鹽……適量
肉桂粉……適量
荳蔻粉……適量

作法

一、冷鍋中倒入椰子油，再放入地瓜和所有食材。
二、開火拌炒，再蓋上鍋蓋悶煮。
三、待食材熟爛後，調味即成。

說四季

註19 霜葉紅於二月花 本句詩作出自杜牧〈山行〉：「遠上寒山石徑斜，白雲生處有人家。停車坐愛楓林晚，霜葉紅於二月花。」

註20 潘榮陛 清代人，生卒年不詳，字在廷，編撰《帝京歲時紀勝》，是一本記錄清代北京歲時風土的雜記。

輯四

冬之暖食

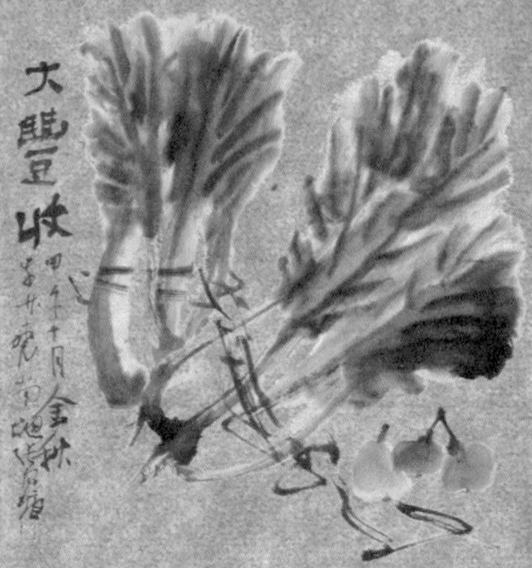

從立秋到小雪，白菜清楚自己一百多天的生命長度。

所以，它總是探出一片葉子，再探出一片葉子，又探出一片葉子。不停的擴張，只為收集更多的陽光；層層的鋪墊，全為了寒風裡緊握成拳。小雪來臨，白菜走出菜地，正是白菜堅守潔白心靈的開始。

既能從陽光中找到生長的能量，又能從寒霜裡提取生命的色澤，白菜抵達了許多同類無法逾越的境界。百菜白菜香。生活在冬天的鄉村是幸福的。白菜味甘性涼，清熱解毒，消渴祛煩，平常的白色泛著親切的光芒。

立冬

〈立冬〉　　　　唐・李白

凍筆新詩懶寫，寒爐美酒時溫。

醉看墨花月白，恍疑雪滿前村。

立冬，好吃莫如餃子

餃子[註1]的模樣像什麼？像耳朵。餃子半月形，兩邊翹翹，中間圓滾滾的，其原名叫餃餌，也寫作嬌耳，相傳為東漢醫聖張仲景首創，全名叫「祛寒嬌耳湯」。

嬌耳湯很像今天的餛飩，皮薄餡美，湯清味厚，熱氣騰騰的一大碗，吸溜吸溜地喝，吧嗒吧嗒地嚼，到最後吃得腸肥肚圓，滿頭大汗。張仲景所製嬌耳湯是一味祛寒藥，是用麵皮包裹著羊肉、胡椒等溫中散寒的食材，下鍋煮。煮出來一個個形似偃月，兩角微微上翹，就像一些小耳朵，支棱著，很有精神頭兒。張仲景奔波多年回到故鄉，正值南陽的深冬傷寒流行，醫聖以嬌耳醫治鄉民凍傷的耳朵。大冬天，北風呼呼地刮著，刀片一樣刮疼人的臉，那捲地而起的呼哨聲，猶如尖細的銀針戳刺著人的耳朵。「立冬不端餃子碗，凍掉耳朵沒人管」，立冬吃餃子遂成節氣食俗。藥食同源，從良藥到美食，體現著古人食藥一體的營養觀。

立冬，水始冰，地始凍，四野空曠，天氣轉冷。蘆葦的莖稈由青綠轉為金黃，風乍起，吹動潔白的花穗穗，遠遠望去，猶如雲朵的倒影從水中升騰而起，煞是好看。抓一穗毛絨絨軟綿綿的蘆花，摩挲著你的臉，臉上細軟軟癢酥酥的，舒服極了。記得小時候，母親采來一些蘆花，曬乾，編成鞋墊，塞進我的棉鞋裡，那是一種自腳心升起的暖意。

立冬是寒衣節，也是美食節。若論北方美食，餃子當推第一，我們家鄉有「舒服不過躺著，好吃不過餃子」一說。小時候，我不懂得什麼山珍海味，就知道「吃餃子過大年」，而且往往能從餃子裡吃出一個亮閃閃的硬幣來，便歡呼雀躍，覺得自己好有福氣。現在想想，是母親吃的少，而我像得了餓癆一樣猛吃，硬幣不咯疼牙齒才怪。

年夜飯吃餃子取「更歲交子」之意。立冬時節，秋冬交接，亦是交子之時。從立冬日到除夕夜，餃子是起始，亦是作結，首尾圓合，猶如一首節奏鮮明音韻鏗鏘的格律詩。

◈餡

餃子花樣繁多，但以白菜餃子最為香鮮。

立冬，白菜上市。我們這裡的大白菜幫嫩薄、湯乳白、味甜甘。「味如蜜藕更肥濃」，白菜經霜之後，葉子一彈即破，捧在手裡，晶潤如羊脂，亮白似冬雪，嘎嘣咬一口，爽爽的脆，涼涼的甜，特有口感。白菜豬肉燉粉條是百吃不厭的家常菜，若調製餡料，豬肉仍是絕配，以三分肥七分瘦為佳。

先用斜刀片肉，再橫刀切段，然後以排刀剁為細細的肉茸。蔥薑剁碎末，放入肉餡，加精細鹽、花生油拌勻，口味重的亦可倒入醬油、胡椒粉，醬油要徐徐滴入，也可淋適量白菜汁，持筷子順時針方向勻速攪拌，肉餡吸足了味素，煮熟了吃，有韌勁，口感好，若是來來回回亂攪，如趟渾水，餡料鬆散，下了鍋，易掙開麵皮，不足取。白菜掰開，洗淨，瀝乾，用刀切碎，若剁為菜末，維生素隨菜汁流失殆盡，在口感上也大打折扣。切好的白菜碎，可澆食用油，輕輕攪拌，給菜們罩上一層油膜，以保住鮮美之味和多種營養素。將調好的豬肉餡倒入白菜碎，依舊按順時針方向，拌勻，即成餃子餡。

《月令七十二候集解》：立，建始也；冬，終也，萬物收藏也。立冬，草木凋零蟄蟲休眠之際，家家戶戶的砧板上，正上演一齣相見歡。剁肉如武生出場，抬刀帶馬，鑼鼓喧天，讓觀者心潮澎湃熱血沸騰；切菜似青衣舒袖，菜葉長長短短，宛如細雨，輕輕地向流水訴說著心事，令人柔腸百轉。那些配角啊，蔥花薑末食油細鹽來紮紮堆，捧捧場，到底有了這立冬日的相遇，從瓷盆一路相攜到鐵鍋，熱氣蒸騰著，創造家的暖。

◈包

小時候，一到立冬聽見灶臺上響起緊鑼密鼓，我就知道，母親忙著剁餡了。舀水的聲音，炊帚清掃砧板的聲音，母親細細碎碎的腳步聲，種種聲響，讓冷寂的冬天有一些熱鬧，有一些回暖。等到包餃子，則是男女老少齊上陣。餃子好吃，在於餡料調製的味道贏人，更在於一張麵皮包裹了全家人的呼吸和表情。

餃子也叫餛飩、牢丸，或形似月牙，或狀如元寶，或宛若葵花，皆有「喜慶團圓」之意。包餃子，不僅僅是口腹之欲，不僅僅是祛寒暖中，更有剁餡擀皮包捏燒火蒸煮這一勞動過程中所體現的幸福生活的秩序和節奏，以及說話聲鍋勺聲所交織的凡俗家庭的熱鬧和歡喜。

我學會的第一門手藝就是摁劑子，比捏泥巴還好玩。母親把麵團揉搓成擀杖一般粗細的長條，揪為大小均等的劑子。撒少許撲麵，捉了一個呆頭呆腦的劑子，用掌面往下一摁，就扁扁圓圓的了，像甜柿餅一樣討人喜歡。稍稍長大以後，我學會了包餃子。母親擀的麵皮中間略厚，周邊稍薄，和我的掌面一般大小，以筷子夾了餡料，擱在麵皮的中心，將其對折為半圓形，右手拇指向外輕推麵皮內側，食指則將外側摺出好看的波紋，兩邊捏牢即可。

我包的餃子東倒西歪的，就像一群從前線撤退下來的傷兵，站都站不穩，有的餃邊露著餡，沒看相。但吃著特香，撲哧一咬，一股熱乎乎的湯汁往腮邊直竄，搭上牙齒細細地嚼，餃子外韌內嫩，清香鮮美，真捨不得咽下去。我喜歡洗淨了手，抓著餃子去醋碗裡瀟灑走一回，減熱增酸，尤為鮮嫩溜口，吃相不好，但是吃著特過癮，連吃二三十個猶不解饞，直到喝一口鮮香無比的餃子湯，長舒一口氣，彷彿動物冬蟄了許久，這才還了陽，周身俱暖，十分的舒坦。

如今，吃餃子是家常便飯，如若待客，以油鍋嗤啦嗤啦開場，煎炸烹炒，大盤大碗予以鋪墊，席終端上一大盤餃子，猶如一出好戲到高潮，食者無不舉箸夾食，一口一個，腮幫鼓鼓的，七八雙筷子猶出沒於騰騰熱氣裡，所有的人都喜氣洋洋的，情意尤為深濃。

立冬，是一道門檻，跨過去，就是冰天雪地。

舊時，立冬日天子出郊迎冬，以冬衣御賜群臣。「立冬補冬，補嘴空」，民間在立冬進補，把大地恩賜的食材包裹成半圓形的餃子，煮熟，塞進肚裡，給五臟六腑穿上一件結結實實暖暖和和的內衣。大寒小寒，吃餃子過年。冬天是一輛列車，呼嘯著，在寒風裡疾速行駛，它的燃料就是餃子。有了餃子，身體有熱能，生活有奔頭[註2]。

立冬
好吃莫如餃子

鮮羊蘿蔔盅

食材

胡蘿蔔……300 克
羊肉……300 克
蔥白……10 克
花椒……5 克
八角……5 克
黃酒、薑、鹽……適量

作法

一、紅蘿蔔削皮切片，備用。

二、羊肉去筋洗淨，入熱水川燙，起鍋切小塊備用。

三、起油熱鍋，放入蔥白、薑片、花椒、八角爆香，再放入羊肉塊。

四、待羊肉變色後，加入適量水，再放入紅蘿蔔片一起燉煮。

五、待食材熟爛後，調味即成。

立冬
好吃莫如餃子

黑豆羊腩煲

食材

羊腩（羊腹部的下側肉）……300 克
黑豆……60 克

作法

一、鍋中倒入適量清水，放入羊腩、生薑煮開。
二、隨後加黑豆，悶蓋煮一個小時。
三、待食材熟爛後，調味即成。

立冬
好吃莫如餃子

紫蔥湯餃

食材

冷凍水餃…… 10 顆
雞蛋 ……2 顆
紫菜……20 克
蔥花……20 克
鹽……適量
胡椒……適量

作法

一、湯鍋加水煮開，放入水餃，再煮上八分鐘後。
二、取小碗，打入雞蛋攪拌均勻後，以畫圓方式將蛋液緩緩倒入湯鍋。
三、最後放入紫菜、蔥花，調味即成。

註1 餃子 一種傳統食物，以麵粉為皮的充餡食物，常見形式有水餃（煮食）、蒸餃和煎餃。據傳，是由南北朝至唐朝時期「偃月形餛飩」，和南宋時的「燥肉雙下角子」發展而來。舊習俗通常在除夕包餃子，午夜十二點開始吃，取其「更歲交子」的諧音，過節吃的餃子又稱為「團圓餃子」。

註2 奔頭 中國大陸說法，意思是指可追求的前途或希望。

小雪

〈虹藏不見〉　　　　　　　　　　　　　　唐・徐敞

迎冬小雪至，應節晚虹藏。玉氣徒成象，星精不散光。
美人初比色，飛鳥罷呈祥。石澗收晴影，天津失彩梁。
霏霏空暮雨，杳杳映殘陽。舒卷應時令，因知聖歷長。

小雪，愛上蘿蔔白菜

有人喜歡蘿蔔，有人喜歡白菜，這叫「蘿蔔白菜，各有所愛」。人之取捨萬殊，但求和而不同。記得小時候，小雪來臨，氣溫下降，我們這裡家家備菜，備得最多的就是蘿蔔和白菜。它們產量高，耐貯存，是今冬明春的主菜，北方的農民愛蘿蔔，也愛白菜。

◈蘿蔔

女兒小雨小的時候，我給她講小白兔拔蘿蔔的故事。「小白兔在雪地裡找到一個又胖又大的蘿蔔，」我愛昵地搬起小雨的小腦袋，故作用力狀，「哎喲哎喲，拔不動」。小雨被這樣的情景故事吸引了，一臉的好奇。最後小黃鴨拉著小山羊，小山羊拉著小白兔，小白兔拉著大蘿蔔，終於拔出來了。

這故事的續集是一幅妙趣橫生的蠟筆畫，那些可愛的小生靈在吃蘿蔔呢。小黃鴨仰著細長的脖子，很是享受下嚥的過程；小山羊半蹲在地上，嘴巴外露出短短的一截蘿蔔纓；最是小白兔動人，用它的三瓣小嘴輕吻著大蘿蔔。作畫者小雨，那年她六歲。小白兔的蘿蔔有多大呢？就像童話裡的南瓜馬車，承載著灰姑娘華麗的夢想嗎？

蘿蔔產量高，這是眾所周知的。在我們濰坊的鄉下，種一畝蘿蔔能產一萬多斤，個個身粗腿壯，裝在馬車上，陣勢雄壯，氣勢浩大。說起濰坊蘿蔔[註3]，那可是品質絕佳，赫赫有名。一句話概括山東半島的特產：「煙臺蘋果萊陽梨，不如濰坊蘿蔔皮。」蘿蔔外觀深綠，肉質根為長圓柱形，出土多，尾根小，肉色翠如玉，我們文縐縐地叫它「高腳青」。這蘿蔔一不小心摔到地上，會像西瓜一樣碎成好幾瓣，這叫「嘎嘣脆」，入口脆甜香辣，汁多味美，食之行氣化痰，開胃健脾。

小時候，我有氣管炎，一到冬天，喉嚨呼啦呼啦直響，像是拉著一台老舊的風箱。「冬吃蘿蔔夏吃薑，不勞醫生開藥方」，母親把蘿蔔放在她伸手就能抓住的地方，半夜我一咳嗽，她就讓我吃蘿蔔，問我，甜嗎？我嗯了一聲，她放心了：「慢慢吃，吃好了，睡一覺。」

那些年，我家菜園裡總要種幾畦蘿蔔，蘿蔔旁邊是白菜。頭伏蘿蔔二伏菜。蘿蔔白菜下種的時候起半高壟，會種菜的老農就在兩壟之間的深溝裡填上豆餅豆料草木灰，深秋時節，蘿蔔露肩，白菜抱心，有機肥不能少。蘿蔔白菜真是地造的一雙，從種子開始，它們就相互注視、鼓勵、呵護、疼惜。蘿蔔越長越粗壯，挺直的身軀能扛起一座大山。紮了地瓜秧的白菜，收攏著層層疊疊的心事，守護著內心的鮮甜，它通體潔淨，內心溫柔，每一片葉子裡都有對暖陽寒霜的把握。冬天的菜園，蘿蔔溫暖著白菜，青翠偎依著白嫩，這是暖意融融的冬景，是幸福滿滿的模樣。

天真的冷了，節氣已小雪，蘋果樹穿上了暖暖的麥草秸，彷彿在土地上思考人生的退伍軍人，他褪色的軍服挽留著些許昨日的輝煌。抬頭看天，空中飄著碎碎的花瓣，潔白淡雅，安靜自持，它是小雪，是多情的雨孕育的美麗的花萼，輕軟軟地飄，細沙沙地落。

「雲暗初成霰點微，旋聞簌簌灑窗扉」，伸出舌尖，接三兩朵六角形的雪霰，口感微微涼，味蕾醒了。「小雪不起菜，就要受凍害」，小雪真是一個美好的節氣，布穀催耕，小雪催收，它教會我們的，是一種循節氣而食的慢生活，以及把冷日子過暖的大智慧。

◈播種

小雪時節的習俗活動圍繞著冬儲菜展開，小雪地封嚴，青菜窖藏鮮。

蘿蔔白菜的存貯有多長，清香溫暖的日子就有多長。蘿蔔白菜多用土法貯存，譬如窖藏。窖深五六米，窖底東西各一個大穴，蘿蔔白菜各一窩，這叫「坎子」；南北兩側留好「腿子」，人好出入。長在地裡，存在窖裡，蘿蔔白菜一生的幸福離不開泥土。亦可土埋。優質蘿蔔削頂，去毛根，根朝上，頭向下，斜依土坑中，以土封頂。存白菜，須開深溝，白菜根部朝下，並排，其上覆以玉米秸，保暖。有一年冬天，我家的土炕成了白菜的福地，白菜東睡，我們西臥，夜裡做夢都香香甜甜的，到了第二天，我把白菜一一搬到陽光裡，傍晚再抱回來，忙得不亦樂乎。

曬乾菜是保藏蔬菜的另一種方法。拔了蘿蔔，把蘿蔔纓隨手往屋頂上一扔，白天鋪一層暖陽，夜晚覆一層寒霜，等青綠綠的蘿蔔纓變成黃燦燦的金條兒，可餷豆腐，亦可煮菜粥，皆美味，其妙處就在於那一口咬勁兒，口感細膩，韌性十足，如嚼軟糖，越嚼越香。晾曬蘿蔔乾的場景頗為壯觀。切成Y形的蘿蔔條在曬繩上掛著，像是院落裡豎起了白花花的一道屏風，十分的賞心悅目。

蘿蔔乾飽吸著冬日溫熱而深情的陽光，色澤漸漸轉為燈火一般的橙黃，觸之極柔韌，收起，以清水洗塵，瀝乾，切為半寸長的段，加精細鹽、辣椒，揉搓，把鹹辣貫穿進去，即為殺飯妙品。辣醬蘿蔔乾有一口咬勁兒，還有一股辣勁兒，最能讓人味蕾大開。用熱水浸泡一會，瀝水，然後燒熱鍋，放少許油，要相信薑絲蔥末的爆發力，香氣四溢之時投放辣椒醬，轉小火，炒出紅油，倒入蘿蔔乾，炒勻，出鍋。這道菜醬香撲鼻，吃起來滿頭大汗，通體溫暖。

◈貯存

收菜，窖藏，碰落了一些白菜幫，不能丟掉的，泡在罈子裡，密封，發酵，就是一道滋味非凡的泡菜。

蘿蔔是要來幫場的，最妙的是紅蘿蔔，那顏色太動人了，環繞它的泡菜水都受了感染，乾淨通透，不生一點黴花。花椒、大蒜、辣椒，食鹽一個也不能少，它們各有各的特長，頂適合聚在一起創造出香脆鹹辣酸甜的大滋味。此泡菜富含維生素和鈣、磷等無機物，口感微酸爽脆，拉飯下酒，極是珍美。

當年杜甫困居長安，長安米貴，友人王倚經常接濟他。有一次，杜甫身患瘧疾，寒熱百日，身體打擺子呢。病情稍有好轉，詩人散步路過王倚家，清貧的友人當即設宴相待，端上皇城泡菜以佐酒，便留下了「長安冬菹酸且綠」的佳句。泡菜，古稱菹，經過長時間的發酵，菜色青綠，味道新奇。泡菜的酸鮮味美，加上舊雨煎膠續弦的情誼，讓窮困潦倒的大詩人感知著人世的溫暖：「但使殘年飽吃飯，只願無事常相見。」

大冬天和朋友下館子，輪到我點菜了，拿著菜譜一頁一頁地翻，看那些活色生香的美圖，到了最後，我喊出的菜名是「白菜燉豬肉」，又怕廚師年輕，特意叮囑服務生，記得加粉條，最好放一些乾蘑菇。有這樣一道菜擺在眼前，才覺得故鄉沒有丟掉我，騰騰熱氣如母親的手掌撫摸著我，吃著吃著，就陷入了回憶。這是小時候的一道大菜，每一次吃到都是盛宴。它選材廣泛，工藝簡單，白菜豬肉粉條蘑菇蔥段薑片八角花椒食鹽冷水一鍋燉。鍋一熱，溫度上升，嫩嫩的白菜即可感受到豬肉的體貼入微，還有各種配料的關愛有加，鍋蓋就那麼蓋著，各種食材自會釋放其正能量。這菜的口感，完全配得上豐富。白菜香鮮略帶甜味，豬肉腴軟極有彈性，粉條柔滑細膩如絲綢，蘑菇鬆軟綿柔似蛋糕，它們糾纏著你的舌頭，一生不去，形成牢固的味覺記憶和豐富的情感積澱。

白菜吃法很多，可以包水餃，做菜包，亦可辣炒，乾燒，醋溜，涼拌，清燉，美味無限，百吃不厭。白菜百搭，白菜和蘿蔔搭配嗎？我喝過白菜蘿蔔湯，白菜白，蘿蔔青，看上去青青白白的一大碗，極像和和睦睦的一家人，真叫蘿蔔白菜保平安。

蘿蔔白菜性味甘平，二者均富含蛋白質、脂肪、碳水化合物、膳食纖維，皆有清熱生津消食化滯和中止嗽之功效。更多的時候，蘿蔔白菜是一種男耕女織相得益彰的常態生活。蘿蔔歡歡喜喜地燜排骨，蒸丸子，拌香菜；白菜熱熱鬧鬧地燉豆腐，炒肉片，燴粉絲。這情形像極了小雪時節的鄉村，寒風吹，小雪飄，男人風風火火地去了場院，給白菜遮草苫子[註4]；女人從從容容地站在庭院裡，把晾曬著的蘿蔔乾往笸籮裡放，她小心翼翼地，和平日取下曬繩上的衣服沒什麼兩樣。

小雪
愛上蘿蔔白菜

白菜鮮雞盅

食材

大白菜……200 克
雞肉……100 克
熟雞腿
……一隻（約 80 克）
薑、鹽、胡椒粉
……適量

作法

一、大白菜洗淨，川燙後切成細絲，備用。
二、雞肉切細絲，備用。
三、以上食材一起放入陶鍋，加適量水燉煮。
四、待熟透後調味即成。

小雪
愛上蘿蔔白菜

洋蔥燒肉

食材

梅花肉片……200 克
洋蔥……半顆
紅蘿蔔……1 條
白芝麻、蒜末、
辣椒、醬油……適量

作法

一、起鍋冷油，爆炒蒜末肉片。
二、待半熟後，放入洋蔥丁、蘿蔔丁。
三、待全部食材熟透後，撒上芝麻粒和辣椒，調味即成。

註3　濰坊蘿蔔　　又稱濰縣蘿蔔，俗稱高腳青，山東省著名蘿蔔品種，由於原產山東濰縣而得名，迄今已有三百多年的栽培歷史。濰坊蘿蔔皮色深綠，肉質翠綠，香辣脆甜，多汁味美，素有「煙臺蘋果、萊陽梨，不如濰縣蘿蔔皮」之說。

註4　草苫子　　苫，動詞，用草編成的席、布等來覆蓋物品。草苫子，是指草簾子、草墊子。

大雪

〈夜雪〉　　唐・白居易

已訝衾枕冷，復見窗戶明。

夜深知雪重，時聞折竹聲。

大雪，美食白如雪

作為節氣，大雪同雨水一樣，是反映降水現象的。《群芳譜》：「大雪，言積寒凜冽，雪至此而大也。」以大雪命名節氣，體現著人們對大雪的喜愛和尊重。在農耕文化語境裡，大雪是和豐年連在一起的。

「今年麥蓋三層被，來年枕著饅頭睡」，這農諺多像一個美麗的鄉村童話。大雪紛紛揚揚，麥苗們驚喜地互相推搡著，張望著，一個少年捧著白的碗，碗裡落了一些白的麵，好香，少年是被香醒的，他的枕頭是一個又大又暄的白麵饅頭。

下雪真好，有夢真好，再也沒有比雪花更像夢的了。雪花瑩白如玉，輕盈若風，輕得不能再輕，靜得不能再靜。雪花是奇特的六角形，「雪花飛六角，預兆是豐收」。雪為五穀之精，白雪開成田野的花朵，山林的花朵，村莊的花朵，孕育的是所有植物的果實。窗外大雪滿地，是聖誕老人送來的禮物；室內美味雜陳，是豐年大雪的轉換。雪融入大地，爬上莖株，長出一個春，長成一個秋；長出一個夢，長成一個果，長成麥子玉米冬瓜雪梨，一年四季好滋味。

◈ 暖寒會註5

賞大雪享美味，尤能表達對雪花的喜愛和感恩，感悟降雪與種植、收穫的關係。

古人有寒天宴集賓客的風俗，謂之暖寒會。大雪交冬月，氣溫驟降，天寒地凍，文人雅士輪流做東，邀請好友飲酒消寒，賦詩作文，那場景熱氣騰騰，情意融融，有情調，有關懷，確為人間美事。「晚來天欲雪，能飲一杯無」，就為這即將飄落的雪，當浮一大白[註6]。「嚴冬烤肉味堪饗，大酒缸前圍一遭。火炙最宜生嗜嫩，雪天爭得醉燒刀」，清人楊靜亭用他的詩歌《都門雜味》留存著暖寒會的熱鬧場景。暖寒會始於唐代，習俗相延已久，至今寒冬飲食仍以保暖祛寒為號召。

古代還有一個習俗，叫煮雪烹茶，雅致之極。雪水甘甜清冷，解熱止渴，煎茶煮粥均可。「竹上松間敲玉花，最宜石鼎薦靈芽」，宋時文人自攜茶灶，雅集山林，敲落竹上松間至純至潔之雪烹茶，即景吟詠，盛極一時。蘇軾用一支詩人之筆留存了一個好夢，夢裡有女子以雪水烹煎小團茶，團茶湯色清明，香氣高雅，入口鮮爽細膩柔滑，詩人在夢中淺酌香茗，低吟佳句，著實叫人嫉妒。

◈冬筍

古人如此高雅，我們亦不能低俗。大雪時節吃一些潔若白雪潤如凝脂的食物，不僅愉悅味蕾快慰口舌，更能給人以雅興與情思。

大雪時節的當令菜蔬，首推有「金衣白玉，蔬中一絕」之稱的冬筍。冬筍是由毛竹的地下莖側芽發育而成的筍芽，兩頭小，中間大，形如棗核，因藏於土中，肉質細嫩，鮮脆爽口。冬筍大雪時節採挖最佳，冬至以後的冬筍其味猶美，但即將長成春筍出土成竹，誰願意毀掉一片鬱鬱蔥蔥的竹林呢？適時而挖的冬筍尤顯珍稀。剝去筍籜[註7]，洗淨，筍肉白白嫩嫩的，猶如松上雪纖塵不染。冬筍吃法很多，葷素百搭，吃前須以淡鹽水略煮一會兒，去澀味除草酸。如此潤如玉的冬筍配白如雪的豆腐，這叫合璧吧。

美食家袁枚對凍豆腐極為推崇，此凍豆腐非簡單的冷凍豆腐，係用豆腐、冬筍、香蕈、肉汁、雞湯汁、火腿汁久煨而成，面起蜂窩，狀若凍腐。如果撤去雞、火腿之類，改用鯽魚，做一款冬筍豆腐鯽魚湯，湯汁如牛乳般凝白，冬筍大如雪片，豆腐滑似凝脂，鯽魚嫩若乳酪，在牛乳白的湯汁裡沉沉浮浮，宛若大野上白雪茫茫，童話裡的村莊散落其中，抬眼望去，內心潔白。此湯清潤爽口，軟嫩鮮香，且有和中益氣利膈爽胃之功效，為冬季溫補上品。

◈雪梨

大雪時節天氣寒冷乾燥，外部的乾燥容易轉成身體內部的肺燥，導致肺熱乾咳口苦喉痛。這時，就需要潤肺滋陰，多進補溫熱熟軟甘潤之食。小時候，我得了支氣管炎，一到冬天不停地乾咳，像耳邊的響雷，震得我頭暈心悸。雪梨膏喝了不少，甜甜的稠稠的，讓我的味蕾一度迷戀。如今，我喜歡把雪梨煮成粥食，讓一家人甜甜蜜蜜除冬燥。

冬季潤肺清燥，吃熟梨最好，脆脆的梨在微火中慢熬到熟透，已是十分的軟嫩和甘甜。肺主皮毛，肺清皮膚也亮，吃雪梨還能吃出雪白肌膚。雪梨與百合、銀耳、冰糖、大米等其中的一種或多種搭配，均可煮粥而食，色澤皆銀白，熱騰騰甜滋滋的一大碗，最有豐年大雪的韻味。

說說雪梨銀耳粥吧。銀耳，那麼七八朵，洗淨，泡發，撕為小碎瓣，有雪花的感覺即可。雪梨削皮，去核，切成滾刀塊。加點百合吧，說是平咳利咽，其實是鍾愛它的安靜與純潔。枸杞或小棗，顏色紅豔豔，滋補頂呱呱，為何不潤上三五顆呢，恰好構成一副春聯，上聯「梅映紅日」，下聯「雪兆豐年」，一鍋粥有花有果，有色有味，吃在嘴裡軟爛爽滑甜潤，橫批也有了，就叫「活色生香」。

◈冬藕

按照中國流行的「五色對五臟」的食療理論，白色入肺，溫肺養肺清火抑火，大雪養生，白筍雪梨銀耳山藥必備。時令佳蔬冬藕也是白的，「荷蓮一身寶，冬藕最補人」。從荷葉田田到荷香脈脈，荷的青春寫在水面上，而在深深的淤泥裡，藕靜靜地生長，「質柔而穿堅，居下而有節。孔竅玲瓏，絲綸內隱」（李時珍《本草綱目》）。

藕有節，承上啟下，銜接著藕身；節有孔，以保持氣的暢通。吃冬藕，可打通人的經脈，消瘀血，益氣力，藕是有節氣的菜。

古人詠唱水上荷的詩詞數不勝數，寫地下藕的不多，寫得最美的當屬南宋詩人衛涇的「一彎西子臂，七竅比干心」。藕潔白細嫩，有一種玲瓏有致的曲線美，更為神奇的是中空的藕有七孔（九孔藕亦有），烹飪時其斷面尤能入味。炸藕合[註8]正是巧用藕的七孔填以肉餡所製成的美食，外酥裡嫩，藕脆餡鮮，一口氣能吃一大盤。說到吃藕，可分節敘述。藕皮薄脆甜，入口無渣，生吃當取荷花頭，即藕尖下的第一節，「冷比雪霜甘比蜜，一片入口沉屙痊」（韓愈《古風》），其美味與功效古人早有體驗。從藕尖數起，第二、三節是藕之精華所在，澱粉蛋白質維生素碳水化合物含量極高，炒食煲湯風味醇厚，營養豐富。

藕宜用不銹鋼刀具切，切好的藕片若用清水稀釋後的白醋水浸潤美容，入油鍋爆炒依舊白嫩如雪。清炒藕片香滑爽脆，口感鮮美，藕片上點綴著紅紅的辣椒丁，綠綠的香蔥末，疑似茫茫雪野上梅花新綻，嫩芽初萌，美得叫人一時不忍下箸，真是佳「藕」天成。咬食藕片的聲音也讓人迷醉，咯吱咯吱，猶如一個人雪天漫步，世界潔淨，內心溫潤。

下雪了，「千門萬戶雪花浮，點點無聲落瓦溝」（朱灣《長安喜雪》），雪光照耀的是溫厚淳樸的民間。雪花點點，落在鍋碗瓢盆裡叮叮響，落在喜悅幸福裡滿當當，煮成冬筍豆腐湯，熬成雪梨銀耳粥，炒成爽脆嫩藕片，好大一場雪。大雪至，錦衾寒，大雪有三候，一候鶡旦[註9]不鳴，二候虎始交，三候荔挺出。候著候著，那種叫荔挺的蘭草迸出一兩瓣新芽兒，紅爐不度，綠芽暖人。我也有我的三候，一候大雪飄，二候食物香，三候好夢甜，枕著饅頭睡大覺。

大雪
美食白如雪

雞丁清炒何首烏

食材

雞肉……500 克
何首烏……50 克
冬筍……50 克
辣椒……50 克
薑……10 克
蔥……10 克
雞蛋……1 顆
米酒……適量
鹽……適量

作法

一、雞肉洗淨切丁後，稍微醃製，備用。

二、起鍋熱油，放入雞肉煎至五分熟，備用。

三、雞蛋保留蛋清，備用。

四、何首烏洗淨，放入陶鍋加適量水熬煮一小時，取藥汁備用。

五、冬筍洗淨切丁，放入油鍋加入辣椒清炒，隨後放入雞丁、何首烏汁、蛋清，炒熟後調味即成。

註5 暖寒會 在寒天宴集賓客的習俗，唐代富豪王元寶大雪天宴客的酒會稱為「暖寒會」。五代周．王仁裕《開元天寶遺事．卷上．開元．掃雪迎賓》：「巨豪王元寶，每至冬月大雪之際，令僕夫自本家坊巷口，掃雪為徑路，躬親立於坊巷前，迎揖賓客，就本家具酒炙宴樂之，為暖寒之會。」

註6 浮一大白（本書原註） 浮，違反酒令被罰飲酒；白，罰酒用的酒杯，原指罰飲一大杯酒，後指滿飲一大杯酒。出自漢劉向《說苑．善說》，魏文侯與大夫飲酒，使公乘不仁為觴政，曰：「飲不釂者，浮以大白。」

註7 筍籜 筍皮，保護竹筍的筍殼叫筍籜，竹子成長時附著在竹稈節上，就改稱稈籜。

註8 炸藕合 山東和上海地區傳統特色小吃，味道香酥嫩爽。

註9 鶡旦 鳥名，即寒號蟲，亦作「鶡鴠」，一種夜鳴求旦的鳥。

冬至

〈邯鄲冬至夜思家〉　　唐．白居易

邯鄲驛裏逢冬至，抱膝燈前影伴身。

想得家中夜深坐，還應說著遠行人。

冬至，來一碗

冬至大如年，它是節氣，也是節日。古人最重此節，謂之冬節、交冬、亞歲。三國曹植在《冬至獻襪頌表》裡說：「亞歲迎祥，履長納慶。」先秦時期，人們以冬至為歲首，歡天喜地過新年。這和冬至的節氣特點有關。

「子月生一氣，陽景極南端」（韋應物《冬至夜寄京師諸弟兼懷崔都水》），太陽直射南回歸線，冬至這天，北半球日短之至，日影長之至。古人尤為看重這「一氣」，視冬至為大吉之日。一陽初起，萬物未生，冬至景象多像鴻蒙初辟之時，天地混沌為樸。夏至吃長麵，以長長的麵條描述深情的光線。冬至過節吃什麼？「夫餛飩之形有如雞卵，頗似天地混沌之象，故於冬至日食之」（富察敦崇《燕京歲時記．冬至》），吃餛飩就是咬破混沌，創造區宇。

◈餛飩

冬至來臨，乳白色的炊煙從青瓦上嫋嫋升起，像天地間舒展的廣袖。響聲是有的，它蟄伏在地心深處，被上升的陽氣一托，熱情的柴火一煮，就在鍋裡沸騰了，咕嚕咕嚕叫得歡。

湯沸頻灑冷水，如燈籠似元寶的餛飩上下翻滾騰躍，宛若鼓湧的嫩芽拱動著土層，甚是喜人。俟其白白胖胖地浮起來，盛在碗中，熱氣騰騰，香氣飄飄。千戶燒火，萬鍋沸騰，這是人間最旺盛的陽氣，它吸納著地氣之精華和水穀之精氣。氣始於冬至。冬天的人兒深受鼓舞，以歡樂祥和的名義慶祝這節氣。

餛飩既熟，接下來是吃。餛飩皮薄餡嫩，皮堅而滑，煮熟了呈半透明狀，潔白的麵皮透著內餡的鮮豔，以小銀勺舀一個入口，熱乎乎滑溜溜的，很Q的口感；以牙齒叩開麵皮，餡料鮮香腴嫩，裹著一團熱氣鋪滿舌床，讓味蕾瞬間如花綻放。還要吃一個餛飩喝一口湯，一小勺蝦米、一小勺榨菜末、一大勺熱鴨血，一勺一勺舀入碗中，餛飩漂浮之時，先往碗裡添熱湯，這樣湯頭就熱了，然後盛入餛飩，半空裡再撒一些香菜段、胡椒粉，即成。傳說當年西施給夫差煮餛飩，所用佐料只有蔥蒜香油胡椒粉四種，就鮮得吳王直掉嘴巴。這種湯汁既鮮又辣，吃完餛飩，把碗喝個底朝天，但覺一團熱氣彙聚丹田，全身血液鼓蕩，毛孔大開，十分舒暢。

冬至習俗活動是如此的嚼頭十足，喜迎新氣象的行為藝術附麗在一種吉祥的吃食上。人們需要咬一咬，嘗一嘗，在咀嚼肌的鼓動下，打開身體的廣闊宇宙，以敏銳地感受世界的新生。令人欣喜的是，就在這千家萬戶的咀嚼聲中，佳雪呈瑞，嫩芽迸發，「冬至陽生，迎春撥雪黃芽好。人驚早。香如芝草」（馬鈺《萬年春》）。麵皮柔軟滑膩，內餡腴嫩爽口，湯料鮮美異常，冬至吃的是美味，品味的是民俗，是古人對宇宙的探尋，以及創造美麗新世界的內心籲求。

冬至日陰極而陽始，曹植謂之「一陽嘉節，四方交泰，萬物昭蘇」。冬至節祭神儀式始於周朝，叫「冬至郊天」，祭品為餛飩。這得從餛飩的製法說起。以清水和麵擀皮，擀為一些四四方方的白麵皮，猶如冬日照耀下的大地。豬五花肉剁為米粒狀的碎末，放入白菜碎，加醬油、精鹽、蔥末、薑末、麻油攪勻，這內餡被外皮包裹了，自是圓圓的一團，仿佛冬至時節的大黑夜。餛飩，是一種文化想像，包成元寶形狀，看上去滿是吉祥。右手持筷子挑起餡料，擱在左手心的麵皮上，沿對角線折成三角形，再把兩角向中間彎攏，捏牢，餡料鼓鼓囊囊的，眼看著就要撐破麵皮了，俏皮得很。

來一碗餛飩吧，就讓美味征服味蕾。餛飩之妙，妙在皮薄餡足，有嚼頭，易消化，老少皆宜。宋人陳著對素餛飩讚不絕口，有詩為證：「庖手餛飩匪一朝，饌素多品此為高。薄施豆膩佐皮軟，省著椒香防乳消。」這餛飩加了些許豆麵吧，麵皮軟得像蛋糕，吃到肚裡特舒坦。古往今來，最奢華也最有情調的宴席當屬唐代尚書左僕射韋巨源所擺的「燒尾宴」註10，五十八道奇異食點，肴饌豐美，世所罕見。史上最詩意華美的餛飩也在鼓樂喧騰中閃亮登場，光彩奪目，人呼「二十四氣餛飩」，以不同的花形和餡料製成的二十四種餛飩，造型美妙，味道絕妙，以此呼應二十四節氣，極富文化韻味。

我們民間老百姓亦有餛飩千萬種。餛飩以餡料命名，菜園山坡河灘野地，到處都有可吃的菜蔬，能入口的剁得碎的皆可為內餡。冬至時節飲食宜多樣，就來個穀果肉蔬合理搭配一起上。餛飩形狀就那麼拙樸的三兩種，一到冬至，戶戶炊煙，鍋灶煮的餛飩一家一個味道，這與食材比例的多少有關，與揉麵捏合的力度有關，與麵板灶台的氣息有關。最好吃的只有一種，那就是母親包的餛飩，裡面包裹著關心體貼溫暖，一碗熱乎乎的餛飩端上來，熱氣一撲面，眼窩窩就有些發熱，覺得，這大碗盛著的是母親的操勞和欣慰，是春種秋收的喜悅和自足。

「鄉人重亞歲，羔黍薦履長。婦女獻履襪，兒孫備蒸嘗」（錢謙益《冬至日感述示孫愛》），時至冬至，冬夜長，星月寒，錦衾冷，溫暖我們的是羔黍，是餛飩，是濃濃的人間親情。清人錢謙益所述「婦女獻履襪」是冬至節的一個習俗，以暖的履襪獻尊長，表孝心；兒孫備的乃是賀冬美食，名曰「冬至盤」，以敬獻尊長和親友。冬至，到來的不是寒的冬，而是暖的情，家家戶戶備辦飲食，團團圓圓過冬節，歡歡喜喜吃餛飩。

◈湯圓[註11]

冬至節是敬老節，也是團圓節。

「家家搗米做湯圓，知是明朝冬至天」，冬至有一年中最長的一夜，江南許多人家用糯米粉做「冬至圓」，以白的米粉裹著黑的餡料，寓意長夜被包裹，佳節陽氣生。湯圓白白圓圓的，擁在一起，吉祥喜慶。圓是圓潤圓滿圓融圓熟，湯是溫暖溫藹溫情溫馨。湯與圓相連以後，才生成著家的團圓和溫暖。鍋內沸水騰騰，一群圓溜溜白花花的小丸子浮浮沉沉，喜感十足。

吃的感覺更為美妙，湯圓初入口，軟滑細膩，咬開皮子，香甜四溢，糯而不黏，一口一個，從舌尖一直甜到腳後跟，甭提有多滋潤了。滾燙滾燙的湯裡浮著幾粒黑黑的芝麻，滾燙的湯放大了芝麻的香，喝一口湯，稍稍含漱一下，滋味尤妙。三色湯圓色澤生動，尤能體現一陽生的美好氣象。三色乃三種麵皮，分別以水、菠菜汁、胡蘿蔔汁與糯米粉揉合而成，再裹入三種不同的餡料，如菠菜肉餡、山楂糕餡、什錦白糖餡。下鍋以後，湯圓一個個又圓又胖，在熱鍋裡探頭探腦的，白的如雪球，紅的像太陽，綠的似水果，凝神看去，綠白相間，紅綠相映，恍若往返於冬白春綠、紅塵淨土，已是大享受。

冬至的餛飩湯圓，大多盛入大碗裡，吃時一人一大碗，雙手捧著吃，捧著沉重厚實的親情，吃著香甜鮮爽的美味。冬至真是一個意味深長的節氣。晝最短，人間的熱氣最盛；夜最長，濃烈的親情更長。餛飩或者湯圓，皆以麵皮包裹餡料，這樣的方式聚攏了千家萬戶的雙手和笑容，把親情融為一團，讓一家人圍著一口鍋，端著大碗，吃一個腸肥肚圓，吃一個歡天喜地。端著沉沉的大碗，更像一個鄭重的儀式。

在這樣的儀式中，我們獲得的不僅僅是口舌腸胃的快活感，還有好日子源遠流長的幸福感，以及順從自然節律展開生活的那一種踏踏實實的存在感。

冬至
來一碗

四神煲湯

食材

排骨……300 克
蓮子……20 克
山藥……15 克
茯苓……15 克
芡實……15 克
薏仁……20 克
鹽、米酒……適量

作法

一、蓮子、山藥、茯苓、薏仁洗淨，並浸泡十五分鐘，備用。

二、排骨洗淨川燙，和所有材料一同放入陶鍋，加適量水燉煮。

三、待食材熟爛後，調味即成。

冬至
來一碗

山藥蘿蔔燉排骨

食材

排骨……200 克
山藥……50 克
白蘿蔔……1 條
海鹽……適量

作法

一、排骨洗淨川燙，山藥、蘿蔔切小塊，備用。

二、取陶鍋加適量水，放入所有食材，熬煮一小時。

三、待熟爛後，調味即成。

註10「燒尾宴」

唐代長安曾經盛行過的一種特殊宴會。所謂「燒尾宴」，是指士人新官上任或官員升遷，招待前來恭賀的親朋同僚的宴會。據傳有三種說法：一說老虎變成人時，要燒斷其尾；二說羊入新群，要燒焦舊尾才被接納；三說鯉魚躍龍門，經天火燒掉魚尾，才能化為真龍。

註11 湯圓

盛行於華人界的美食及甜點，也是上元與冬至的應景食物，大多為糯米所製，通常為紅白兩色，餡料以芝麻和豆沙為代表，有甜鹹兩種口味。湯圓的台語叫做「圓仔」，客家語稱作「惜圓、粄圓、雪圓仔、圓粄仔」，江南吳語稱「湯糰」，馬祖話稱「湯丸」，興化語稱之為「丸囝」，福州話則稱「米糐」。

小寒

〈蠟梅香〉　　　　　　　宋・喻陟

曉日初長，正錦里輕陰，小寒天氣。未報春消息，早瘦梅先發，淺苞纖蕊。
搵玉勻香，天賦與、風流標致。問隴頭人，音容萬里。待憑誰寄。
一樣曉妝新，倚朱樓凝盼，素英如墜。映月臨風處，度幾聲羌管，愁生鄉思。
電轉光陰，須信道、飄零容易。且頻歡賞，柔芳正好，滿簪同醉。

小寒，小吃滿街

沿著節氣之路行走，尋找二十四節氣的當令美食。這個想法幸福地折磨了我許久。找到這一個，節氣和土地孕育的這一個，色澤最豐潤，滋味最豐盈，以之為節氣的路標。三種也不錯，早中晚分而食之，一天一輩子。每個節氣都有三候啊，一年七十二候。譬如小寒，一候雁北鄉，二候鵲始巢，三候雉始雊，等候吧，鳥兒飛回，築巢，悅耳的歌聲顫動著冬日的陽光。等待著，盼望著，胃口的醞釀和味蕾的想像讓美食成為一個傳奇。從小寒到穀雨，八氣二十四候，每候應一種花，叫二十四番花信風[註12]。

小寒時節一候梅花，二候山茶，三候水仙，真是一路寒風一路香。

◈ 冰糖葫蘆

我對吃食的定義非好顏色不取，就像一朵花那樣開著，美麗香豔，遠看是風景，走近了，唇舌湊上去，花色更生動。這樣的吃食很多很多，我首先想到的是冰糖葫蘆，是那種用半尺長的竹簽兒串成的山楂果，一大串紅得透亮的山楂果，以山裡紅為最佳。我太懷念童年的感覺了。在金黃的麥秸靶子上，在透明的玻璃櫥窗裡，每每看見那一串串的冰糖葫蘆，我的身體裡就會跑出一個孩子，攥著硬邦邦的錢幣，圍著紅豔豔的冰糖葫蘆轉來轉去，就有一些饞從他的嘴角淌出來，淌成酸溜溜的口水。

我甚至看見，那個孩子在灣塘上溜冰，雙臂張開，作飛翔狀，他的右手舉著的冰糖葫蘆紅光閃閃，他摔倒了，琥珀色的糖衣掉落在冰面上，他吃一點糖衣，嚼一口冰，冰甜冰甜的，他為此驚喜不已。

有營養學家告訴我，小寒吃烤地瓜、糖炒栗子已是一種時尚，言及最佳時令美食，他說，山楂，小寒吃山楂，打贏「保胃戰」。我會心一笑，有一種他鄉遇故知的感覺。不過，我迷戀的是冰糖葫蘆酸酸甜甜的味道，它用山楂果串成，蘸以麥芽糖稀，最妙的是冷冷的風一吹，果面的糖稀迅速變硬，吃起來又冰又脆，真是天生地長的絕頂美味。

小寒時節不宜大補，那就來幾味小吃吧。小時候，我家備得最多的水果是山楂，果形小，耐貯存，滿滿的一麻袋，一個大冬天都吃不完。我吃飽了飯，抓一把山楂出去玩半天，很有闊少爺的感覺。我的這一行為得到了李時珍老人的肯定：「凡脾弱食物不克化，胸腹酸刺脹悶者，於每食後嚼二、三枚，絕佳」（李時珍《本草綱目．果二》）。史上吃山楂最猛烈的是元人。元人食牛羊肉成癖，難免滯食飽脹，差役們遍征鄉野，驗物抽分，征得山楂以供肉食者享用。山楂怎麼吃，不妨聽聽美食家袁枚的建議：「用山楂搗爛和粉，加松仁屑、白糖蒸之，酸、甘相濟，醒酒最佳。」元人尚飲，熏風酷烈，他們吃了山楂酪又要豪飲千杯。山楂片是另一種吃法。山楂除去果柄果蒂，洗淨，入沸水煮熟，製成果醬，加糖，刮片，烘乾，切為厚薄均勻的圓片，比硬幣大不了多少，吃起來質酥適度，酸甜爽口，亦有健胃消食活血散瘀之效。當然最好吃的還是冰糖葫蘆，它酸裡藏甜，甜中透酸，宛若回憶的味道。

小寒冷，小寒時處二三九，天寒地凍北風吼。外面，北風嗡嗡地打著呼哨。我和母親在灶屋裡忙著做冰糖葫蘆。串山楂是我的活兒，去柄除蒂，清洗，把這些紅燈籠一個一個地往棉槐條上掛去，一串十個，紅紅，圓圓，就像我紅撲撲的臉蛋。熬糖的器皿最好是紫銅鍋，熬出的糖色澤透亮。我家用的是小耳朵鍋，煎雞蛋烙薄餅都用它，樣子蠻可愛，也省柴火。白糖倒入鍋中，加開水，以浸透白糖為宜，攪拌，大火熬煮至糖色金黃，有小小的糖泡兒汩汩地冒，圓頭圓腦的，好像一群小孩，在水裡游來遊去。

這時，母親就尖著筷子去蘸一下糖漿，微微一拉，拉出細細的糖絲兒，她開始教我蘸冰糖葫蘆。她抓著我的手，把一串山楂小心地探向泡沫的表面，輕輕轉動，裹上薄薄的一層糖衣，即可擱在玻璃片上冷卻。每次加工二三十串，自己吃，也送四鄰五舍，送出去幾串冰糖葫蘆，抱回來一些食物，還有大人們的一大堆誇獎。那些冰糖葫蘆，個個晶瑩剔透，串串飽滿紅火，照耀著我的童年。

不止山楂，山藥豆、海棠果、地瓜塊均可去糖漿裡瀟灑走一回，吃了治病又解饞。小寒處隆冬，圍著暖暖的爐火，吃甜脆而涼的冰糖葫蘆，有著無以復加的味蕾快感和身心愉悅，「冬夜食之，頗能去煤炭之氣」（富察敦崇《燕京歲時記》）。長大以後，每次吃冰糖葫蘆，我都在心裡唱那首老歌，「山裡紅它就滴溜溜的圓，圓圓葫蘆冰糖兒連。吃了它治病又解饞，你就年輕二十年」。童年的冰糖葫蘆永不再來，真能年輕二十年，我的母親就不會離去，她依舊和我們團團圓圓在一起，「沒有愁來沒有煩」。

◈烤地瓜

我是有依靠的。小寒大寒，冷成冰團，我抱著一個烤熟的地瓜取暖。聞著熱撲撲的香氣，我突然感到一種溫暖的撫摸，就像母親的手。

小時候放學回家，母親見我凍得直打哆嗦，就從火堆裡扒拉出一個烤地瓜，叫我暖暖手。手未熱，舌頭倒有些蠢蠢欲動了，小心揭去外皮，瓜瓤金黃軟嫩，冒著騰騰熱氣，咬一口，又香又嫩又甜，熱乎乎的地瓜進了肚，像安了一個小火爐，暖烘烘的，五臟六腑無一處不熨帖。那時，地瓜是大冬天的主糧，煮地瓜熬地瓜粥，皆酥軟甘甜，香味醇厚。人類學會吃熱食，第一課是炙烤。地瓜糖分含量高，烤熟後呈軟膏狀，流著糖油，極品甜味都給烤出來了，那地瓜還不甜得人吧唧吧唧直咂嘴。

把食物用火烤熟了，不用烤箱，不用油鹽味精，亦不用煎炸烹炒熗拌，最為簡單，也凸顯食物的本味。我家的烤地瓜有著遠古時代的美。像古老時間裡所有掌握鑽木取火技藝的人一樣，母親格外珍惜每一簇火苗，每一個火堆。她燒火做飯的時候，把一兩個地瓜擱在灶膛裡，一邊續柴火，一邊翻動，大鍋熱氣騰騰，灶膛香氣飄飄。攤煎餅用鏊子，柴火的餘燼，我們叫它「鏊子窩」，那可是一個神奇的地方，母親在裡面埋上一個瓦盆，瓦盆裡盛著鹹魚頭和鹹菜疙瘩，大清早一覺醒來，鹹菜燜熟，香噴噴鹹滋滋軟乎乎的，以之拉飯，甚妙。

我吃的烤地瓜大都來自那裡，以草木灰埋好，不要去動它，灰燼會從四面八方把一種溫暖貫穿進去，這一來，烤熟的地瓜香味足，甜味重，舌尖輕輕一舔，就滋滋地開著繽紛的花。「鏊子窩」燒土豆也很好吃。地瓜土豆燒熟，灰燼已冷，用簸箕把草木灰運到灰倉裡，東面糧食滿囤，西邊鉀肥滿倉，小院裡遊蕩的風，都裹著甜絲兒，飄著香味兒。

◈糖炒栗子

糖炒栗子油光亮滑，吃起來亦是香甜可口。小寒天寒，正是糖炒栗子熱賣的好時節。賣冰糖葫蘆的走街串巷，「大糖葫蘆兒啊……」，糖葫蘆帶上兒化音，「啊」字一拉長，叫賣聲親切動聽，宛如唱美聲。賣糖炒栗子就在街頭支一口大鍋，豎一根黑黑的煙囪，現炒現賣，人不喊，香味四下裡飄，不時有栗子啪啪的爆炸聲，好不誘人。

栗子是乾果之王，富含澱粉、脂肪、蛋白質和多種維生素。養生為飲食第一要義，栗子怎麼吃最有營養？李時珍說：「蓋風乾之栗，勝於日曝，而火煨油炒，勝於煮蒸。仍須細嚼，連液吞咽，則有益」，尤其是「火煨油炒」，有些為糖炒栗子立言的意味。

大街上的糖炒栗子用糖和砂子炒，自己炒食則工藝更為精細。先用小刀在栗子上劃出十字花痕，以防受熱爆炸，亦使咸甜諸味進駐果肉，洗淨，以清水浸泡。鍋內倒入粗砂，炒熱，加麥芽糖和植物油，炒成大大小小的顆粒，放入晾乾的栗子，翻炒，待栗子外皮微裂，油亮金黃的果肉半露半遮，可食。

糖炒栗子在古代即為著名小茶食，其肉質甜糯，香味濃郁，被呼為「灌香糖」[註13]，並有讚美詩流傳於世：「堆盤栗子炒深黃，客到長談索酒嘗。寒火三更燈半灺，門前高喊灌香糖。」揣了一大包熱乎乎的糖炒栗子，小孩子是不會喊的，他的小臉蛋幸福得有些發燙，他挑來選去，用九顆栗子在熱炕上擺成了一幅九九消寒圖，他想，一顆一顆，慢慢吃掉，他的身體就住進了一個春天。

小寒
小吃滿街

蝦仁豆腐煲

食材

豆腐……200 克
蝦仁……100 克
春筍……80 克
蔥……適量
薑……適量
蠔油……適量
鹽……適量

作法

一、豆腐切丁，蝦仁洗淨去黑腸，春筍切薄片，備用。
二、起鍋熱油，放入蔥薑爆香，再放入豆腐，加水燒開。
三、陸續放入蝦仁、筍片，倒入蠔油、鹽調味即成。

小寒
小吃滿街

烏雞鮮栗湯

食材

烏骨雞 450 克
栗子（去殼去衣）……200 克
黨參……28 克
薑、鹽……適量

作法

一、栗子川燙，備用。
二、烏骨雞洗淨，去除內臟，川燙後切塊。
三、取陶鍋，放入烏骨雞塊、黨參、薑片，加入適量水熬燉一小時。
四、再放入栗子，熬煮二十分鐘後，加鹽調味即成。

註12 番花信風（本書原註）

二十四節氣花信風，又稱二十四風，是指從小寒至穀雨共八個節氣、二十四候，每候對應一種花信，也就是每五天有一種花綻蕾開放，到了穀雨前後，就把花盛開，春滿大地。

註13 灌香糖

有一首詩如此形容糖炒栗子：「堆盤栗子炒深黃，客到長談索酒嘗，寒火三更燈半灺，門前高喊灌糖香。」

大寒

〈大寒〉　　　　　　　　　　　　　　宋．陸游

大寒雪未消，閉戶不能出，可憐切雲冠，局此容膝室。
吾車適已懸，吾馭久罷叱，拂塵取一編，相對輒終日。
亡羊戒多岐，學道當致一，信能宗闕里，百氏端可黜。
為山儻勿休，會見高崒嵂。頹齡雖已迫，孺子有美質。

大寒，美食節

二十四節氣的無窮魅力，在於每一個節氣都有獨特的自然表情和別具一格的文化個性。這是時令和物候的勝利，也是節氣習俗相沿千年形成的文化奇觀。

小寒大寒，殺豬過年。仿佛一幕大戲到了高潮，大寒時節，美味雲集，大魚大肉大豆腐，年糕水餃白饃饃。這時節，寒潮頻繁南下，嚴霜夜結，天寒地凍，可謂寒氣之逆極，冷風之徹骨；民間熱氣蒸騰，一家一口大鍋，灶口熬得眼通紅通紅的，做豆腐，熬肉凍，攤煎餅，蒸饃饃，炊煙站在農家的屋頂上，從早喊到晚，風也刮不斷，雪也壓不彎。這就是大寒，天地的凜冽和居所的溫暖，風雪的吹寒和蔬飯的飄香，交織成熱鬧喧騰的人間美景。

大寒的關鍵字是歲末、辭舊、過大年。

小時候，我對大寒的印象是吃得好，穿得新，玩得歡。大寒有寒假，天冷冷的，河塘裡的冰厚厚的，在滑冰板上或蹲坐或躬身，我們一個個成了宇宙飛人。穿新衣迎新年，這叫新派新色，不一樣就是不一樣。喝了臘八粥，城市的上班族突然安靜下來，有一種回歸傳統節日的欣喜。

與忙碌焦慮的城市不同，農曆深處的作息時間表是這樣的：二十三祭灶吃灶糖，二十四撣塵掃房子，二十五推磨做豆腐，二十六殺豬割年肉，二十七宰雞趕大集，二十八打糕蒸饃貼花花，二十九上墳請祖上大供，三十兒晚上熬一宿，大年初一扭一扭。食全食美數大寒，大寒十五天，天天如過年。

◈豆腐

大寒是一個美食節，是一家人味蕾上的舞蹈。煮豬頭的那天，我們吃肉湯泡煎餅。煎餅撕碎，片片金黃落入碗中，半空裡撒少許綠綠的香菜末，劈頭蓋臉地澆一大勺肉湯，香菜開出幾朵油花，吸足了肉湯的煎餅入口軟嫩鹹香，又有一些粗糲糙口，像是舌尖在一字一頓地閱讀著那些無窮的美味。

豆腐色潔柔滑，香鮮軟嫩，且與「都福」諧音，是吉祥的吃食。「戌菽來南山，清漪浣浮埃。轉身一旋磨，流膏入盆罍。大釜氣浮浮，小眼湯洄洄。頃待晴浪翻，坐見雪峰皚。青鹽化液鹵，絳蠟竄煙煤」（孫作〈菽乳〉），石磨磨漿、鍋灶蒸煮、青鹽點鹵，遠離城市的鄉村完整地保存著做豆腐這一古老的工藝，我們真的很有口福。豆漿點了鹵，須用包袱包裹了，以厚木板覆之，壓上石頭，水分盡去，豆腐乃成。

別急，別急，心急吃不上小蔥拌豆腐。豆腐腦初成，以勺舀取一大塊，入井花水浸涼。水曰井花，特指清晨初汲的水，天一真精之氣浮結於水面，妙品也。嫩豆腐直刀切成方丁塊，以小銀勺碾碎亦可，如雞刨，有異趣。小蔥洗淨，切碎末，倒入豆腐碗中，加細鹽、豆油，拌勻即可。豆油是大豆的魂魄，最能啟動豆腐的鮮香，可將生豆油熬熟，冷卻後攪拌。小蔥拌豆腐，蔥葉青嫩，蔥白白皙，豆腐白潤，這叫一清二白，望之清瑩怡人，食之潤滑香嫩，堪稱人間至味。

◈雞紮白菜

千人千味，每個人都有自己的味蕾追求。有人問我，你最愛吃的一道菜是什麼？「雞紮白菜」，我很老實地回答，怕對方聽不明白，「就是蒸雞白菜」。和我一般大的人，如今最該懷念的就是一盤冷熱皆宜的雞紮白菜。

公雞司晨，母雞下蛋，雞是多麼勤勞的動物。雞鳴即起，灑掃庭除；太陽落山，雞鴨入塒，炊煙四起。雞的作息時間延續著人類日出而作日落而息的古老傳統。小時候，我家年年養雞，四季都有雞蛋吃，到了年根兒，總是要殺一隻大公雞的，過年吃雞，大吉大利。

要殺的那只雞，母親早就瞅好了，平日短不了喂它一些小米菜葉什麼的，讓其他的雞羨慕得很。臘月二十七，父親磨刀霍霍，硬硬心腸，直奔雞欄。可是手下發軟，刀落了地，雞滿院亂竄，淋漓的血刺眼呢！全家人不忍正眼看，雞也懂事，忽然一歪頭便倒了地。母親喃喃道：這樣殺的雞，蒸出來味道才香。

從小雪貯存到大寒，白菜的內心已是十分的甜美。白菜那麼白嫩，那麼潔淨，不可沾染刀具的鐵味，要用手掰開，一葉一葉地打開它層層疊疊的心事。先在鍋底鋪一層菜葉，這叫鋪墊吧，它懂得昇華雞肉的香味。大公雞去腥後，取出內臟，留雞肝雞心雞胗。記得下鍋前，母親總是往雞的腹腔內填上幾塊姜片蔥段，然後讓整雞臥在白菜上，那些心肝圍護在雞的周邊。桂皮兩三片，八角三四粒，花椒八九個，小者如雨點，大者似落葉，要的是結成一個陣勢，打通食材之間的通道，圓融個中滋味。泡發的東北松蘑真好看，如花朵悄悄綻放，熟了的松蘑鮮美滑嫩，加之雞肉白菜香甜的薰陶，吃起來別有風味。松蘑入了鍋，繼續投放白菜，直到滿鍋為止，來一個首尾圓合渾然一體。加水一小碗、油鹽適量，大火燉煮，開鍋後轉小火蒸熟。待涼透後，把雞去骨，撕成肉條，與大盆裡的白菜松蘑混勻，放在室外，讓大寒的寒滲透其裡，菜水凝結成凍，雞肉白菜沁涼酥爛，吃在嘴裡軟香腴嫩，清甘鹹鮮，唇舌之間纏繞著的是北國冬日的清涼氣息，食後餘味悠長，不絕如縷。

蒸雞白菜是我們這裡的特色名吃，名吃大都是有故事的。相傳清朝中期，濰縣有一書生赴京趕考，適逢年關，鄉親們特意以雞肉蒸白菜為其送行，祝福他蒸蒸日上大吉大利。後來，書生為官一生清白，一心為民，蒸雞白菜也成為濰坊美食的一段佳話。

◈ 豬肉凍

我們家鄉的年夜飯有四大件，蒸雞白菜、豬肉凍、炸肉丸、炸五香肉，春節待客亦是硬菜，大盤兒大碗兒夠分量，能壓場。吸足了肉汁的白菜一冷凍，特別滑潤溜口；豬肉凍更為軟滑，好不容易用筷子擒了一塊，顫顫巍巍地入了口，抿住嘴唇，但覺滿口涼意，牙齒一扣，那感覺尤為妙絕，有肉有凍，綿軟耐嚼，又如口香糖那般彈牙，對唇齒的撫慰達到無微不至的程度。

熬豬肉凍以豬皮和豬蹄為最佳，二者均含有大量的膠原蛋白，在熬煮過程中可轉化為明膠，對減皺美容有特效。

清朝乾隆年間，我們這裡出了一位「黃藥師」，名字叫黃元禦，濰坊昌邑人，他寫了一部書《長沙藥解》[註14]，書中如是說：「豬膚，利咽喉而消腫痛，清心肺而除煩滿。」他仰慕曾任長沙太守的醫聖張仲景[註15]，篤信故鄉的本草有奇效。另一位清朝大醫王士雄[註16]在他的《隨息居飲食譜》裡對豬蹄讚不絕口：「填腎精而健腰腳，滋胃液以滑皮膚，長肌肉可愈漏瘍，助血脈能充乳汁，較肉尤補。」

入藥入膳，誰都不想吃一口豬毛，豬皮豬蹄上豬毛特多，去毛顯得尤為重要。我家多以熱水燙煮，然後用鑷子一根一根地拔除。那些年，母親五十多歲了，她戴著老花鏡，捧著一隻豬蹄，左瞅瞅右瞧瞧，找到一根豬毛，先用鑷子小心地捏住，往皮肉裡輕輕一按，再迅疾拔起。豬皮煮軟，可平鋪在案板上，用刀刮淨豬毛油脂，以清水洗淨。豬皮切長條，豬蹄切小塊，冷水下鍋。調料，少而精，大蔥大薑八角花椒用紗布包好，只一小包，就把湯湯水水馴服得有滋有味。

煮肉，先大火煮沸，以小勺撇去浮沫，轉小火慢熬至湯色乳白，這樣的過程有些像愛情。愛情一開始熱火沸騰激情四溢，到了最後，水乳交融，相濡以沫。熬成的肉湯更像愛情，出鍋時澄清透明，經過冰天雪地的考驗，冷成膠凍，亦透明如水晶，依舊純真，依舊完美。若以蒜泥陳醋醬油麻油澆之，口感柔軟，有韌性，還有酸香鮮辣諸般滋味，多像一出愛情麻辣拌，有著世俗生活的瑣碎與歡喜。

所有的吃食都是喜氣洋洋的。炸肉丸團團圓圓的，像香噴噴的水果，又像紅彤彤的燈籠，好玩又好吃。拈一個，一口咬去一半，吃著的外皮焦脆內裡香嫩，手中的肉色粉紅醇香撲鼻，舌尖上跳躍著巨大的幸福，眼角眉梢流溢著無限的歡喜。剁肉丸的聲音細密而緊湊，像是從天而落的小雨點，劈劈啪啪地下個不停；又像從地裡生長出來的，它們會開花，會結果。寒冷的清晨，我躺在被窩裡，半睡半醒，聽著這來自灶台的聲音，就聞到了炸肉丸的香味。炸五香肉，將豬裡脊

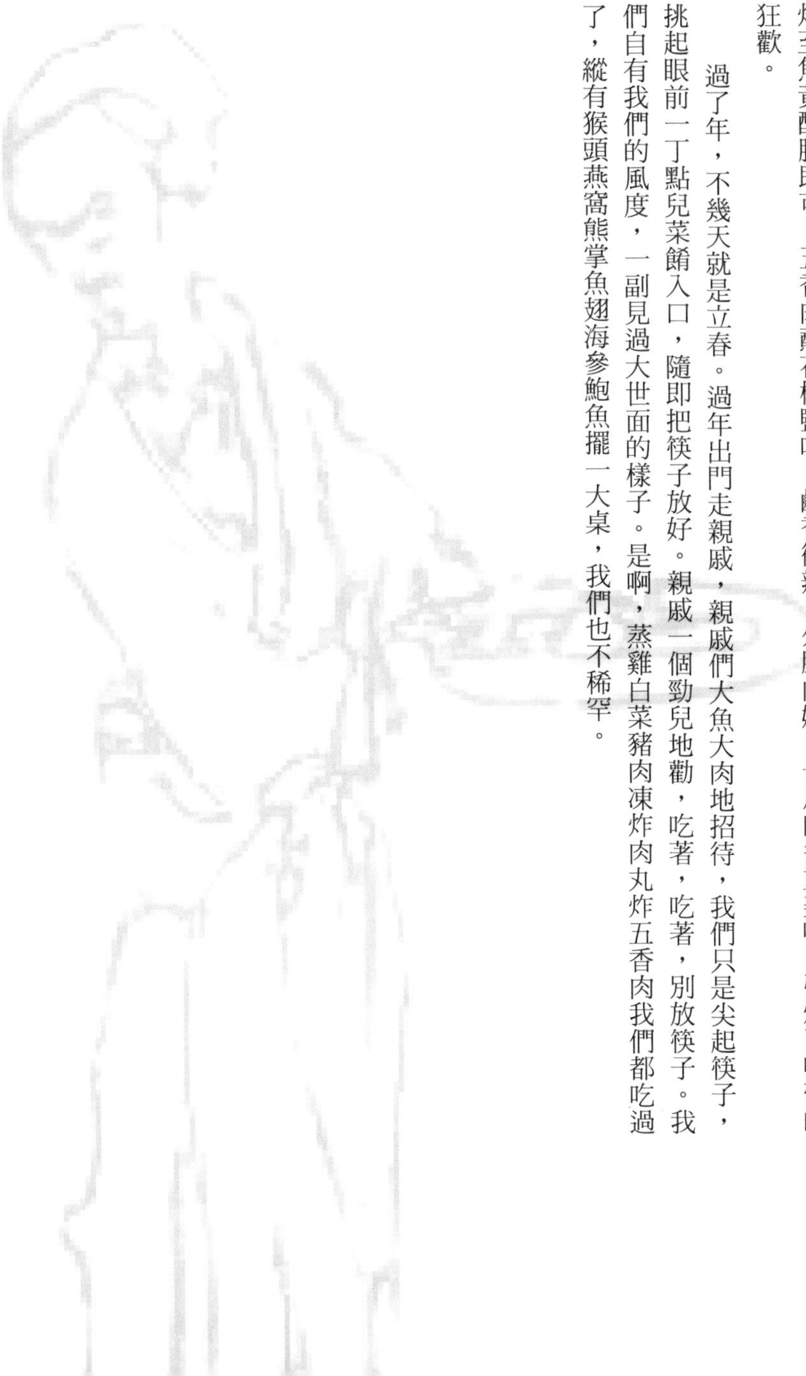

肉切大薄片，用五香粉、花椒粉、料酒、白糖、醬油、細鹽、蔥薑末醃漬，油炸時以澱粉裹之，炸至焦黃酥脆即可。五香肉蘸花椒鹽吃，鹹香微辣，外脆內嫩，一片肉多重美味，引爆了味蕾的狂歡。

過了年，不幾天就是立春。過年出門走親戚，親戚們大魚大肉地招待，我們只是尖起筷子，挑起眼前一丁點兒菜餚入口，隨即把筷子放好。親戚一個勁兒地勸，吃著，吃著，別放筷子。我們自有我們的風度，一副見過大世面的樣子。是啊，蒸雞白菜豬肉凍炸肉丸炸五香肉我們都吃過了，縱有猴頭燕窩熊掌魚翅海參鮑魚擺一大桌，我們也不稀罕。

大寒
美食節

黑木耳雞蛋小米粥

食材

人參……1 支
烏骨雞……1 隻
栗子……20 克
紅棗……10 克
海鹽……適量

作法

一、烏骨雞洗淨除內臟，川燙備用。
二、將栗子、紅棗和人參塞入雞體內。
三、取陶鍋加適量水，放入所有食材，熬煮一小時待熟爛後，調味即成。

大寒
美食節

砂仁黑豆鯽魚煲

食材

砂仁……8 克
陳皮……8 克
黑豆……20 克
炙甘草……5 克
鯽魚……200 克
海鹽……適量

作法

一、鯽魚去鱗除去內臟，洗淨備用。
二、黑豆洗淨後，加水熬煮。
三、待滾沸後，放入砂仁、陳皮、炙甘草和魚肉，熟爛後調味即成。

說四季

註14　黃元禦
黃元禦，濰坊昌邑人，清代著名的醫家，作品有《長沙藥解》、《四聖心源》、《素問懸解》、《靈樞懸解》、《難經懸解》、《傷寒懸解》等醫書。

註15　張仲景
張仲景，名機，字仲景，東漢末年著名醫學家。張仲景與董奉、華佗被並稱為「建安三神醫」，與扁鵲、華佗、李時珍並稱中國古代四大名醫。著有《傷寒雜病論》，是中醫史上第一部理、法、方、藥具備的經典。

註16　王士雄
王士雄，字孟英，清代醫家，溫病學派代表人物。著有《霍亂論》、《溫熱經緯》、《隨息居飲食譜》等。

【附錄】

舌尖上的二十四節氣（時曆）

立春

（陽曆 2/4 或 2/5）：二十四節氣的第一個節氣，代表冬天結束春天來臨，天氣回暖，適合春耕，因此「立春」對於農業有著極大的意義。

雨水

（陽曆 2/18 或 2/19）：立春之後，因為冰雪融化讓空中的水氣增加，降雨的機率明顯增高。到了「雨水」這個時節，正好符合農夫們春耕播種的需求。

驚蟄

（陽曆 3/5 或 3/6）：春雷初響，在冬天躲進土壤內或在石洞裡蟄伏起來的動物，被春雷驚醒，開始活動。農諺「未到驚蟄雷先叫，四十九日暗天打」，意思是如果在這個節氣前就打雷，表示可能會出現雨水連綿的異常天氣，容易發生災害。

春分

（陽曆 3/20 或 3/21）：「春分」代表著春天已經過了一半，太陽直射赤道，所以南、北半球受到日照的時間一樣長，然後白天越來越長、夜晚越來越短。春分時節氣候變化大，氣溫也較不穩定，要特別注意天氣的變化。

清明

（陽曆 4/4 或 4/5）：天氣日漸暖和，花草樹木都萌芽蓬勃生長，呈現清爽明媚的風景，故名「清明」。溫暖東南風，為這個時節帶來豐沛的雨水。宋朝開始「清明掃墓」的習俗，為三大鬼節之一，讓後代子孫能夠慎終追遠，緬懷過去。

谷雨

（陽曆 4/20 或 4/21）：春天的最後一個節氣是「穀雨」，黃河流域以及台灣地區的雨量都非常豐沛，春耕也告一段落，秧苗正需要豐富的雨水來滋養，故名為「穀雨」。

立夏

（陽曆 5/5 或 5/6）：二十四節氣之一，代表夏天正式到來。浙東寧波、舟山地區，有吃「立夏蛋」等習俗，舉行「拄蛋」活動（互拼誰的蛋比較硬），兒童也會將蛋裝入用彩色線編織的網袋中懸掛於胸前。

小滿

（陽曆 5/21 或 5/22）：夏季的第二個節氣。起源於黃河流域一帶，積雪融化後，灌溉前一年栽種的冬小麥，逐漸結實飽滿，故稱「小滿」。

芒種

（陽曆 6/5 或 6/6）：典型的夏季節氣，預告梅雨季節即將結束，天氣越來越熱，稻子結實成「種」，發出細細的光芒。

夏至

（陽曆 6/21 或 6/22）：太陽直射北回歸線，是北半球一年當中白天最長、晚上最短的一天，但並非最炎熱，通常要到「小暑」和「大暑」，才是最炎熱的氣候。

小暑

（陽曆 7/7 或 7/8）：天氣已開始炎熱，但還不到最熱的時候。不過，因為「溫室效應」的關係，氣溫越來越高。此時午後常有「午後雷陣雨」，是典型的夏季氣候。

大暑

（陽曆 7/23 或 7/24）：太陽過黃經一百二十度氣候極熱為「大暑」，是一年中最熱的時候。

立秋

（陽曆 8/7 或 8/8）：「立秋」代表秋天來臨，酷熱的夏天即將過去，不過，由於台灣屬於亞熱帶氣候，即使已來到秋天，天氣依然十分炎熱，與節氣並不完全一致。

处暑

（陽曆 8/23-9/6）：雖然已是秋天，但天氣依舊炎熱，人稱「秋老虎」。這個季節是颱風，俗諺說：「六月颱，七月風颱母」，顯見此時颱風的威力相當強勁。

白露

（陽曆 9/7-9/22）：夜晚水氣凝結，清晨時分地面和葉子上有許多露珠，加上這個季節的代表顏色是白色，故而得名。進入「白露」之後夜晚較涼，阿美族人的豐年祭就是在這秋高氣爽的季節舉行。

秋分

（陽曆 9/23 或 9/24）：在秋分之後「雷聲始收、蟄蟲坯戶、水始涸」，不會再聽到雷聲；春天出土活動的小蟲，在秋分過後也會陸續回到土裡，準備過冬；此時水氣將開始逐漸乾涸。俗諺「秋分瞑日對分」，意思是：秋分這天日夜等長，過了這一天，白天就會越來越短，夜晚會慢慢加長。

寒露

（陽曆 10/8 或 10/9）：「寒露」是深秋的節令，在這個節氣，會出現因過冬而過境台灣天空的鳥群，例如：伯勞鳥、灰面鷲等。「露水先白而後寒」，經過「白露」，氣候從初秋轉為深秋，令人感到幾分寒意。

霜降

（陽曆 10/23 或 10/24）：秋季的最後一個節氣是「霜降」。因為暑氣慢慢的消退，在夜晚和早晨，水蒸汽凝結成霜，所以叫做「霜降」。不過，在台灣平地出現「結霜」的機會並不多。

立冬

（陽曆 11/7 或 11/8）：「立冬」代表著冬天的來臨，耕作活動告一段落，準備將作物收藏，動物準備冬眠。

台灣有「立冬」未必會感覺到非常寒冷，但有「補冬」的習俗。許多家庭還會燉麻油雞、四物雞來補充能量，所謂「立冬補冬，補嘴空」就是最好的比喻。

小雪

（陽曆 11/22 或 11/23）：因為二十四節氣是以大陸黃河流域為主，「小雪」的特徵在台灣並不會出現。黃河流域進入「小雪」後，剛剛開始下雪，雪量並不多，故得名。

在台灣氣候會變得比較寒冷，東北季風越來越強，有些地方因受到地形的影響，風勢較一般平地來得強烈，如新竹的九降風、恆春半島的落山風等。

大雪

（陽曆 12/7 或 12/8）：二十四節氣從「小雪」進入「大雪」，中國大陸北方的大陸型氣候來說，已是大雪紛飛的景象，然而台灣一般平地卻是看不到雪的，不過，「寒流」倒是常常報到。

冬至

（陽曆 12/21 或 12/22）：冬至後，北半球的冬天也真正來臨，因為陽光直射南回歸線，造成北半球白天最短而黑夜最長，因此冬至也稱為「長至節」或「短至節」。

俗話說「乾冬至，濕過年」：冬至這天如果是好天氣的話，過年可能就會下雨；又說：「冬至大如年」，在古代，皇帝會祭天和拜祖先，並且宣佈文武百官放假一天，十分受到重視。

小寒

陽曆 1/5 或 1/6）：根據陽曆，「小寒」應該是一年的第一個節氣，但是，一年真正的第一個節氣其實是「立春」。俗話說「小寒大冷人馬安」，意思是：冬至過後，天氣應該要再冷一點，這樣才符合季節變化，人畜才會平安沒災害。

大寒

（陽曆 1/20 或 1/21）：冬季的最後一個節氣，農曆十二月十六日是尾牙，代表著一年即將要結束，再過不久就要過農曆新年了，到處都可以感覺到新年的腳步正逐日趨近。

國家圖書館出版品預行編目 (CIP) 資料

舌尖上的節氣 / 劉學剛作 .-- 第一版 .-- 臺北市 :
博思智庫 , 2017.11
面 ; 公分
ISBN 978-986-95223-4-2(平裝)
1. 飲食風俗 2. 食譜 3. 中國

538.782　　106017865

美好生活 24

舌尖上的節氣

作　　者｜劉學剛
書　　畫｜張風塘
節氣古畫｜清陳枚畫耕織圖（國立故宮博物院藏品）
執行編輯｜吳翔逸
專案編輯｜胡梭、宇涵
美術設計｜蔡雅芬
行銷策劃｜李依芳

發 行 人｜黃輝煌
社　　長｜蕭艷秋
財務顧問｜蕭聰傑
出 版 者｜博思智庫股份有限公司
地　　址｜104 台北市中山區松江路 206 號 14 樓之 4
電　　話｜(02) 25623277
傳　　真｜(02) 25632892

總 代 理｜聯合發行股份有限公司
電　　話｜(02)29178022
傳　　真｜(02)29156275

印　　製｜永光彩色印刷股份有限公司
定　　價｜300 元
第一版第一刷　2017 年 11 月

ISBN 978-986-95223-4-2

博思智庫股份有限公司
博思智庫粉絲團　Facebook.com/broadthinktank